家族と国籍

国際化の安定のなかで

奥田安弘

明石書店

はしがき

1980年代後半のバブル経済を背景として、日本を訪れる外国人の数が飛躍的に増大し、日本人との結婚などで定住する外国人の数も増えた。当時生まれた子どもたちが各界で活躍し、家族関係の国際化は、いよいよ安定期を迎えたといえる。

ところが、この安定期に入って、日本の国籍法の不備が多数見え始めた。現在の国籍法が大きく改正されたのは、昭和59年（1984年）であるが、まさにその頃から家族関係の国際化が進み始めたからである。

今や国際結婚は珍しくもなく、「単一民族国家」という言葉は、近いうちに死語となるだろう。それにもかかわらず、いまだに「国籍唯一の原則」を掲げ、重国籍を防止せよというのは、時代錯誤とさえ思われる。また、婚外子差別の撤廃が各方面で進み、わが国初の国籍法違憲判決により婚外子の国籍取得の規定が改正されたが、残された課題は多い。さらに、「アンデレ事件」が無国籍児訴訟として話題になったのは、遠い過去のように思われるが、今でも各地の児童養護施設には、国籍の問題を抱える子どもが多数いる。

本書は、これらの問題を「家族と国籍」という視点から解説するものである。これらの背景にあるのは、家族関係の国際化であり、その進展期から安定期に入って、どのような不都合が日本の国籍法に生じているのかを考えていきたい。

本書では、まず「国籍の基礎知識」という章を設けた（第1章）。そこでは、通常の解説書のように、国籍法を体系的に記述するのではなく、そもそも国籍とは何かという問題意識に沿って、そこから派生する諸問題を考えてみた。続いて、「重国籍の防止と容認」（第2

章)、「国籍法上の婚外子差別の撤廃」(第3章)、「無国籍の防止」(第4章) という三つの問題を取り上げた。これらは、まさに家族関係の国際化に伴って、わが国が直面している課題である。

私は、1990年代前半から、アンデレ事件など多数の国籍裁判に関わった経験を踏まえ、かつて『家族と国籍――国際化の進むなかで』(有斐閣、1996年初版、2003年補訂版) を出版した。その後、国籍法違憲訴訟に関わり、2008年に最高裁大法廷の違憲判決を得た当時は、改訂など考えもしなかったが、2016年9月以降の国会での重国籍問題の議論、およびそれに関するメディアからの取材に刺激を受けて、明石書店から本書を出版することにした。

『家族と国籍』という書名を維持しながらも、前著の初版から20年以上、補訂版からも10年以上経っていることを踏まえ、サブタイトルは、「国際化の安定のなかで」と変更した。もちろん内容も、この間に私が公表した著書や論文などを取り入れて、全面的に改訂した。目次だけを見たら、あまり変わらないと思うかもしれないが、内容を読めば、それに気づくだろう。ただし、本書は一般の読者を対象とするから、なるべく平易な言葉で書くという方針は、前著のままである。

私が学術研究とは別に本書を出版することにしたのは、取材を申し込んでこられた記者の皆さんや、意見書を依頼してこられた弁護士の皆さんとの交流の賜物である。これらの皆さんにはもちろんのこと、本書の出版を引き受けてくださった明石書店、企画を担当してくださった深澤孝之さん、編集を担当してくださった遠藤隆郎さんに対し、この場を借りて厚く御礼申し上げたい。

2017年3月

奥田安弘

家族と国籍
――国際化の安定のなかで

◉目 次

凡例・略語

凡 例

年号の表記は、原則として、日本の法令や判例に関する場合は、わが国の元号によったが、外国の法令や事実の説明の場合は、西暦によった。ただし、必要に応じて、両方を併記した箇所もある。

略 語

以下では、主に略語で引用した条約や日本の現行法令、日本語文献の一覧を掲載する。条約については、採択年を付記し、法令については、制定年と法令番号を付記した。ただし、条約や法令は、正式名称で引用したものがある。また法令は、主要なものに限定した。

なお、条約や日本の法令の原文は、大部分が中央大学法科大学院・奥田安弘研究室 (http://c-faculty.chuo-u.ac.jp/~okuda/) の「入管・戸籍・国籍法令集」でリンクが張られているので、参照して頂きたい。

【条 約】

欧州国籍条約：国籍に関する欧州条約（1977 年）
欧州連合運営条約：欧州連合の運営に関する条約（2007 年）
外交関係に関するウィーン条約：外交関係に関するウィーン条約（1961 年）
国籍取得情報交換条約：国籍取得情報の交換に関する条約（1964 年）
国籍法抵触条約：国籍法の抵触についてのある種の問題に関する条約（1930 年）
戸籍情報交換条約：戸籍情報の国際的交換に関する条約（1958 年・1997 年）
サンフランシスコ講和条約：日本国との平和条約（1951 年）
児童権利条約：児童の権利に関する条約（1989 年）
下関条約：清国との講和条約（1895 年）
自由権規約：市民的及び政治的権利に関する国際規約（1966 年）
重国籍減少条約：重国籍の場合の減少および重国籍の場合の兵役義務に関する条約（1963 年）
女性差別撤廃条約：女子に対するあらゆる形態の差別の撤廃に関する条約（1979 年）
世界人権宣言：世界人権宣言（1948 年）

難民条約：難民の地位に関する条約（1951 年）
日華平和条約：日本国と中華民国との間の平和条約（1952 年）
マーストリヒト条約：欧州連合条約（1992 年）
無国籍減少条約：無国籍の減少に関する条約（1961 年）
モンテビデオ条約：国家の権利義務に関するモンテビデオ条約（1933 年）

【法 令】
外務公務員法：外務公務員法（昭和 27 年法律第 41 号）
行政手続法：行政手続法（平成 5 年法律第 88 号）
刑法：刑法（明治 40 年法律第 45 号）
憲法：日本国憲法（昭和 21 年公布）
公職選挙法：公職選挙法（昭和 25 年法律第 100 号）
国籍法：国籍法（昭和 25 年法律第 147 号）
国籍法施行規則：国籍法施行規則（昭和 59 年法務省令第 39 号）
戸籍法：戸籍法（昭和 22 年法律第 224 号）
戸籍法施行規則：戸籍法施行規則（昭和 22 年司法省令第 94 号）
児童福祉法：児童福祉法（昭和 22 年法律第 164 号）
通則法：法の適用に関する通則法（平成 18 年法律第 78 号）
入管特例法：日本国との平和条約に基づき日本の国籍を離脱した者等の出入国管理に関する特例法（平成 3 年法律第 71 号）
入管法：出入国管理及び難民認定法（昭和 26 年政令第 319 号）
入管法施行令：出入国管理及び難民認定法施行令（平成 10 年政令第 178 号）
民法：民法第 4 編（明治 31 年法律第 9 号）
養子縁組あっせん法：民間あっせん機関による養子縁組のあっせんに係る児童の保護等に関する法律（平成 28 年法律第 110 号）
旅券法：旅券法（昭和 26 年法律第 267 号）

【文 献】
アンダーソン＝奥田・北大法学論集：ケント・アンダーソン＝奥田安弘「フジモリ元ペルー大統領に関する国籍法および国際刑事法上の諸問題」北大法学論集 54 巻 3 号、2003 年
イェリネク・一般国家学：G・イェリネク（芦部信喜ほか訳）『イェリネク・一般国家学〔第 2 版〕』学陽書房、1976 年
池原・ジュリスト：池原季雄「国籍法改正の三つのポイント」ジュリスト 823

号、1984 年
江川＝山田＝早田：江川英文＝山田鐐一＝早田芳郎『国籍法〔第 3 版〕』有斐閣、1997 年
奥田・家族と国籍有斐閣版：奥田安弘『家族と国籍――国際化の進むなかで〔補訂版〕』有斐閣、2003 年
奥田・国際家族法：奥田安弘『国際家族法』明石書店、2015 年
奥田・国籍法と国際親子法：奥田安弘『国籍法と国際親子法』有斐閣、2004 年
奥田・裁判意見書集：奥田安弘『国籍法・国際家族法の裁判意見書集』中央大学出版部、2010 年
奥田・数字でみる子どもの国籍と在留資格：奥田安弘『数字でみる子どもの国籍と在留資格』明石書店、2002 年
奥田・比較法雑誌：奥田安弘「フィリピン残留邦人就籍事件におけるフィリピン法の適用」比較法雑誌 44 巻 3 号、2010 年
奥田編訳・資料集：奥田安弘編訳『国際私法・国籍法・家族法資料集――外国の立法と条約』中央大学出版部、2006 年
奥田ほか・韓国国籍法：奥田安弘＝岡克彦＝姜成賢『韓国国籍法の逐条解説』明石書店、2014 年
奥田ほか・養子縁組あっせん：奥田安弘＝高倉正樹＝遠山清彦＝鈴木博人＝野田聖子『養子縁組あっせん――立法試案の解説と資料』日本加除出版、2012 年
黒木＝細川：黒木忠正＝細川清『外事法・国籍法』ぎょうせい、1988 年
国籍・帰化の実務相談：法務省民事局第五課国籍実務研究会編『国籍・帰化の実務相談』日本加除出版、1993 年
沢木・朝日ジャーナル：沢木敬郎「拝外主義と排外主義の奇妙な混合――国籍法からみた『日本人とは何か』」朝日ジャーナル 23 巻 32 号、1981 年
沢木・ジュリスト：沢木敬郎「国籍法 2 条合憲判決と国籍法改正」ジュリスト 741 号、1981 年
塩野＝高木・条解行政手続法：塩野宏＝高木光『条解行政手続法』弘文堂、2000 年
信毎編集局編・アンデレちゃんの 1500 日：信濃毎日新聞社編集局編『ボクは日本人――アンデレちゃんの 1500 日』信濃毎日新聞社、1995 年
田中英夫編・英米法辞典：田中英夫編『英米法辞典』東京大学出版会、1991 年
田村・外国人登録法逐条解説：田村満（重見一崇＝山神進補訂）『外国人登録法逐条解説〔全訂版〕』日本加除出版、2000 年

溜池・法学論叢：溜池良夫「帰化条件としての原国籍の喪失——国籍法第 4 条第 5 号にたいする疑問」法学論叢 65 巻 4 号、1959 年
西山・移民大国アメリカ：西山隆行『移民大国アメリカ』筑摩書房、2016 年
柳井・イギリス近代国籍法史研究：柳井健一『イギリス近代国籍法史研究——憲法学・国民国家・帝国』日本評論社、2004 年
山本草二・国際法：山本草二『国際法〔新版〕』有斐閣、1994 年
吉田・民事月報：吉田和夫「国籍概念の変遷過程」民事月報 22 巻 8 号、1967 年
綿引・ジュリスト：綿引万里子「国籍法 2 条 3 号にいう『父母がともに知れないとき』の意義、国籍法 2 条 3 号にいう『父母がともに知れないとき』に当たることの立証」ジュリスト 1066 号、1995 年

第1章　国籍の基礎知識

第1節　国籍とは何か

家族関係の国際化

わが国では、自分が日本人であり、家族も日本人であることを、当然のように考えている人が、ほとんどではないだろうか。日本で日本人の父母から生まれ、日本で育ち、日本人と結婚して、日本で子どもが生まれたから、自分や家族が日本人であることは、あまりにも当然であり、おそらく意識したことすらないだろう。しかし、国際化の波は、ここにも押し寄せている。

日本人と外国人の国際結婚は、1980年代後半から90年代に、年間1万件台から2万件台になり、さらに21世紀に入り、3万件台から4万件台に増えた。2006年の4万4701件をピークとして、その後減少しつつあるが、今でも2万件台を維持している（図Iの1）。

これに伴って、父母の一方が外国人である子どもの数も、1980年代後半から90年代前半までは、年間1万人台であったが、それ以降は、2万人台を維持し、今でも2万人をわずかに下回る程度である（図Iの2）。

一方、長期の在外邦人数（3か月以上）は、1980年代後半から増え続けており、約50万人であったのが、今では130万人を超えている。内訳をみると、永住者とその他は、1985年頃には、ほぼ同数の

図Ⅰの１　日本人と外国人の国際結婚

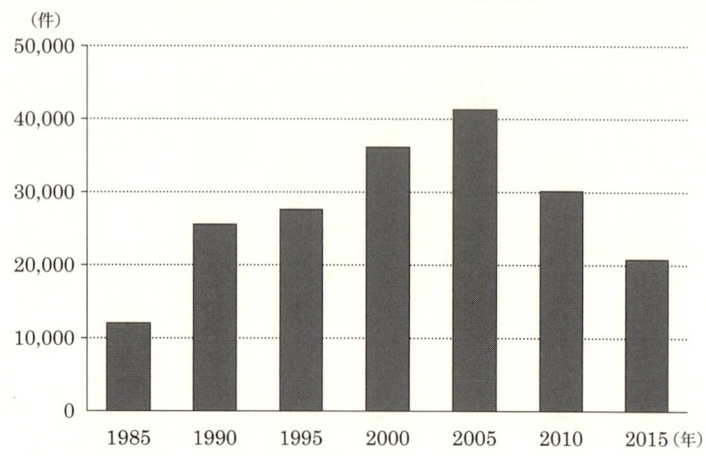

出典：厚生労働省『人口動態統計』

図Ⅰの２　父母の国籍別出生数

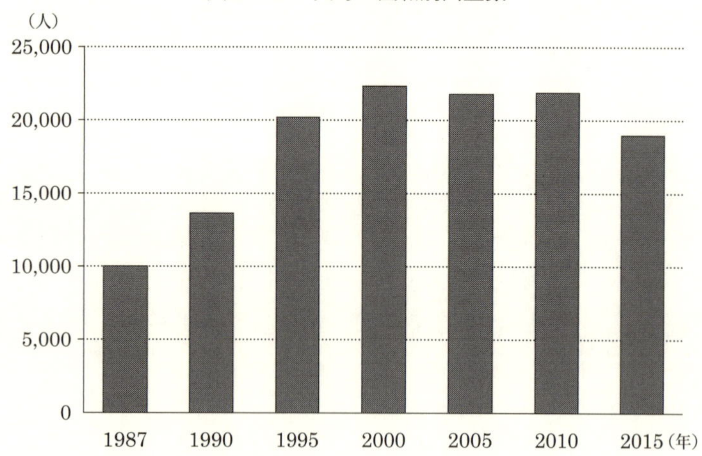

出典：厚生労働省『人口動態統計』

図Ｉの３　長期の在外邦人数

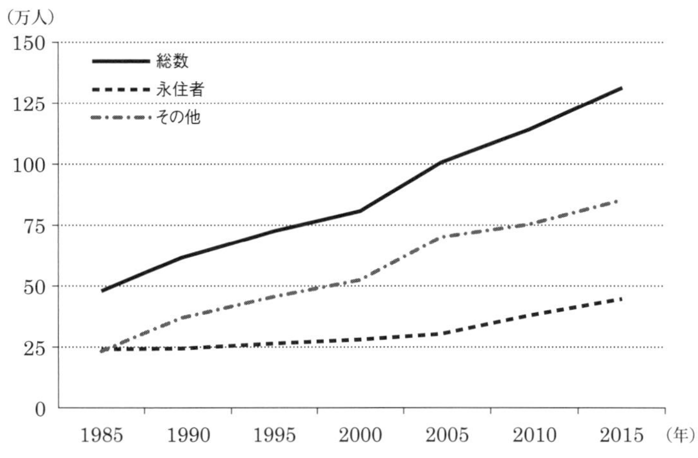

出典：外務省『海外在留邦人数調査統計』（各年 10 月 1 日現在）

25 万人前後であったが、その後、永住者が 45 万人になったのに対し、その他は、85 万人を超えており、永住者を大きく上回るペースで増えている（図Ｉの3）。そのなかには、外国で外国人と結婚したり、子どもが生まれたりした後に、帰国する者も多いだろう。

　このように家族関係が国際化してくると、自分は日本人であっても、夫や妻は外国人であるから、生まれてきた子どもの国籍は、どうなるのかという疑問が湧くし、夫や妻は外国人であるが、日本国籍を取らせたい、逆に自分は日本人であるが、夫や妻の外国国籍を取得したい、という悩みが起きるだろう。家族関係の国際化に伴い、国籍が切実な問題として浮上してくるのである。

人権としての国籍

　そもそも国籍とは、何なのだろうか。

わが国の憲法は、「日本国民たる要件は、法律でこれを定める」とし（10条）、これを受けて、国籍法は、「日本国民たる要件は、この法律の定めるところによる」とする（1条）。すなわち、国籍とは、国家の構成員である国民の要件であり、これを定める法律が国籍法である。

他方で、国籍は、「人を特定の国家に属せしめる法的な紐帯」であると定義されることもあり（江川＝山田＝早田3頁）、これは、1955年の国際司法裁判所判決（ノッテボーム事件）が国籍を「帰属の社会的事実、存在の真正な牽連関係、利害および感情を基礎とした、相互の権利義務を伴う法的紐帯（legal bond）」と定義したことに基づいている。しかし、国籍から生ずる権利義務は、国により時代により様々であるから、あたかも一定の権利義務の成立を前提とするかのような定義は望ましくない（奥田・国際家族法70頁）。

◇ノッテボーム事件

ドイツ国籍のノッテボームは、1905年からグアテマラに住んでいたが、1939年秋、リヒテンシュタインに短期間滞在した後、同国に帰化し、ドイツ国籍を失った。しかし、続く戦中・戦後の期間中に、ノッテボームの財産がグアテマラ政府によって収用されたので、リヒテンシュタインは、外交的保護権を行使しようとした。これに対し、国際司法裁判所は、ノッテボームの帰化によって、実効的な国籍が生じておらず、国籍の実効性は、外交的保護権を行使する要件であるから、リヒテンシュタインが外交的保護権を行使することはできないとしたのである。

この判決が国籍を「相互の権利義務を伴う法的紐帯」と定義したのは、後述（本章第5節）の英米における忠誠概念の影響が窺われる。また、この判決は、ノッテボームのリヒテンシュタイン国籍自体を否定したわけではないが、いかなる国からも外交的保護を受けることができなくなったことに批判があり、国籍の実効性を問題とするのは、重国籍者に限り、単一国籍者を含まないとする見解もある（山本草二・国際法506頁）。

それでは、各国は、自由に自国民の範囲を決めてよいのだろうか。

たしかに、1930年の国籍法抵触条約は、「何人が自国民であるかを自国の法令によって決定することは、各国の権限に属する」とするが（1条前段）、同時に、「この法令は、国籍に関する国際条約、国際慣習および一般に承認された法の原則に反しない限り、他国によって承認される」とも定める（同条後段）。つまり全く自由というわけではなく、国際法の制限を受けることが当然の前提となっている。

戦後の人権諸条約では、「すべて人は、国籍をもつ権利を有する」とされ（世界人権宣言15条1項）、「何人も、ほしいままにその国籍を奪われ、又はその国籍を変更する権利を否認されることはない」とされている（同条2項）。とくに子どもの国籍については、「すべての児童は、国籍を取得する権利を有する」（自由権規約24条3項）、「児童は、出生の時から氏名を有する権利及び国籍を取得する権利を有する」とされている（児童権利条約7条1項後段）。

これらの条約によれば、国籍は、国家の側からみるだけでなく、個人の側からもみるべきであり、国籍取得権（right to a nationality, right to acquire a nationality）が人権として認められるべきであることが分かる（奥田・国籍法と国際親子法31頁以下）。

◇国籍取得権

これらの条約がいう「国籍取得権」は、各国の国籍法が血統主義と生地主義に分かれている現状では、具体性を欠いているようにも思われる。なぜなら、血統主義を原則とする国に対し、自国の領土内で生まれた子どもに必ず国籍を与えるべきであるとはいえないし、生地主義を原則とする国に対し、親が自国民である子どもに必ず国籍を与えるべきであるとはいえないからである。しかし、締約国は、できるだけ無国籍を防止する方向で、法令を制定し運用する義務を負っているといえる。また、国籍付与の態様が婚外子差別を招く場合は、これらの条約の平等原則に関する規定と相まって、条約違反の可能性があるだろう。したがって、「国籍取得権」を一概に空虚な権利と決めつけることはできない（奥田・国籍法と国際親子法 73 頁以下）。

個人にとっての国籍

それでは、なぜ国籍が人権として保護されるのだろうか。

国籍自体は、国民の要件、国民としての法的地位であり、いわば器にすぎない。しかし、その器には、現実に様々な権利義務、とくに基本的人権が詰まっている。比喩的な表現を使えば、まさに国籍は、「権利を取得するための権利 (right to have rights)」なのである（1958 年の二つの米連邦最高裁判決、Perez v. Brownell, 356 U.S. 44, 64; Trop v. Dulles, 356 U.S. 86, 101-102）。

たとえば、憲法の基本的人権に関する規定は、権利の性質上日本国民にだけ認められるものを除き、外国人にも及ぶが、入国の自由および在留の権利は認められない（最大判昭和 53 年 10 月 4 日、マクリーン事件）。そのため入管法上、外国人は、有効な旅券を所持し、上陸許可を受けなければ、入国できないが（入管法 3 条）、日本人は、自由に出入国できる（入管法 60 条、61 条）。

◇マクリーン事件

米国人ロナルド・アラン・マクリーンは、1969 年、当時の出入国管理令（現在の入管法）により、語学学校の教師として入国したところ、その後無断で転職したり、ベトナム戦争に反対するデモに参加したりしたので、在留期間の更新申請が不許可となり、これを不服として、不許可処分の取消訴訟を起こした。これだけであれば、通常の入管事件であるが、この不許可処分が政治活動の自由を制限するものであると原告側が主張したことから、憲法訴訟として注目され、最高裁大法廷判決に至った。判決によれば、原告の活動は、直ちに憲法の保障が及ばない政治活動とはいえないが、外国人は、わが国に在留する権利を有するわけではないから、基本的人権の保障もその枠内において認められるにすぎず、本件の在留期間の更新を不許可とするにあたり、原告の政治活動を考慮しても、裁量権の逸脱・濫用とはならないとされた。

また参政権は、選挙権および被選挙権、公務員になる資格、公務員を罷免する権利などを含むが、多くは日本国民にだけ認められる。現に、国政選挙および地方選挙のいずれにおいても、選挙権および被選挙権は日本国民にだけ与えられる（公職選挙法9条、10条、地方自治法11条、18条、19条）。判例においても、国会議員の選挙権を日本国民に限定することは、合憲とされている（最判平成5年2月26日）。

これに対して、地方選挙権については、傍論として「我が国に在留する外国人のうちでも永住者等であってその居住する区域の地方公共団体と特段に緊密な関係を持つに至ったと認められるもの」に選挙権を与えることは憲法上禁止されていない、とする判決があるが（最判平成7年2月28日）、いまだ外国人に地方参政権を与える法改正はなされていない。

さらに公務就任権については、「当然の法理として、公権力の行使又は国家意思の形成への参画にたずさわる公務員」は、日本国籍が必要とされるが（昭和28年3月25日法制局一発第29号）、その他の公務員職は、外国人にも門戸が開かれつつある。

社会保障の分野は、かつては国籍を要件とするものが多かったが、昭和56年の難民条約加入の際に、この条約が社会保障について内国民待遇を求めていたので（難民条約24条）、国民年金法および児童手当に関する三つの法律（児童手当法、児童扶養手当法、特別児童手当等の支給に関する法律）が改正され、国籍条項が廃止された（国民健康保険法については、それ以前から国籍条項を廃止）。しかし、今でも戦傷病者戦没者遺族等援護法、恩給法、生活保護法などには、国籍条項が残っている。

家族にとっての国籍

国際結婚をした家族にとっては、とくに入国の自由や在留の権利がないことが困る。家族が一緒に暮らせないおそれがあるからだ。

戦前とは異なり、今や国際結婚をした家族は、複数の国を行き来することが多い。その形態は多様であり、主に夫婦の一方の国で暮らしながら、他方の本国も頻繁に訪れることがあれば、数年単位で居住国を変えたり、晩年に至ってから、親の介護などのために居住国を変えたりすることもあるだろう。

そのような場合に、家族の国籍が異なるため、大変な負担を強いられたり、あるいは家族が引き裂かれたりすることさえ起こり得る。

たしかに、児童権利条約は、「児童がその父母の意思に反してその父母から分離されないこと」(９条１項本文)、「家族の再統合を目的とする児童又はその父母による締約国への入国又は締約国からの出国の申請については、締約国が積極的、人道的かつ迅速な方法で取り扱う」ことを定める（10条１項前段)。

しかし、日本政府は、この条約を批准する際に解釈宣言をして、前者は「出入国管理法に基づく退去強制の結果として児童が父母から分離される場合に適用されるものではない」とし、後者は「申請の結果に影響を与えるものではない」とする。つまり入管法上の理由により、親子が分離されたり、家族の再統合が妨げられたりしても、仕方がないというのである。

実際のところ、日本人と結婚したり、日本人の子どもがいたりするからといって、外国人に日本での在留が保証されるわけではない。入管法上の在留資格は、法務大臣の許可にかかっている。日本人と結婚した外国人が日本に入国する場面を考えてみよう。

「短期滞在」であれば、旅券だけで入国できることもあるだろう。

しかし、それは、主に日本との間に査証免除協定のある欧米先進国の国民の場合である。そのような協定のない国の国民は、たとえ「短期滞在」であっても、あらかじめ日本の在外公館（大使館、領事館など）で査証を受けてからでなければ入国できない。

◇査証

在留資格を一般にビザと呼ぶことも多いが（結婚ビザ、就労ビザなど）、ビザとは、本来は査証のことである。査証とは、わが国に入国しようとする外国人の住所地を管轄する日本の領事が発給するものであり、その外国人の旅券が真正かつ有効であり、査証に記載された条件で入国と在留を認めても差し支えない、と判断したことを示すものである（東京地判平成22年７月８日）。入国の際には、原則として査証を受けた旅券が必要であるが、わが国との間に査証免除協定のある国の国民が短期滞在の在留資格で入国する場合には、査証を要しない（入管法６条１項ただし書）。どのような国との間で査証免除協定があるのかは、外務省のウェブサイトで公開されている。

長期の在留を希望する場合には、「日本人の配偶者等」の在留資格を申請することになるが、一般に新規の入国時には、１年の在留期間が認められるだけであり、更新許可の申請が必要となる。通常は、その後３年や５年の在留期間が認められるようになり、「永住者」への変更許可申請も可能となるだろう。

しかし、「永住者」の在留資格を得たからといって、日本での在留が保証されるわけではない。犯罪などの事実があれば、もちろん退去強制の可能性があるし、何よりも一時的に日本を出国する際には、再入国の許可を必要とする。再入国許可を受けないで出国したら、せっかく得た「永住者」の在留資格が消滅してしまうからである。

その再入国許可は、１年以内に再入国する場合は簡易化する「みなし再入国」の制度が設けられたが（入管法26条の２）、それ以上長期にわたり日本を離れる場合は、あらかじめ入管局で再入国許可の申請をする必要がある。その有効期間は、原則として５年以内である（入管法26条３項）。

◆再入国許可をめぐる裁判

かつて外国人登録制度があった頃に、日本人と結婚した米国人女性が登録原票への指紋押捺を拒否したところ、韓国への旅行のために再入国許可を申請した際に不許可となり、その不許可処分を争って敗訴したケースがある（最判平成４年11月16日）。また、協定永住資格（現在の特別永住資格に相当）を有していた在日韓国人が、同様に指紋押捺拒否を理由として、再入国許可の申請が不許可となったので、そのまま米国へ留学のため出国し、２年後に再入国しようとしたが、不許可となり、上陸特別許可により入国した後、再入国の不許可処分を争って敗訴したケースがある（最判平成10年４月10日）。その後、本文のとおり、１年以内の再入国については、再入国出国記録の再入国予定欄にチェックをするだけで足りるとする「みなし再入国」の制度が設けられた。

このように家族の一員が日本国籍を有しないことは、家族全体にとって負担や制約となる。それでは、日本に帰化すればよいと思うかもしれないが、そのためには、原則として元の国籍を失うことが求められる。また日本人配偶者が外国人配偶者の本国に帰化した場合は、自動的に日本国籍を失う（第２章第４節・第５節）。

家族関係の国際化が安定期を迎えた今、このような国籍法の在り方に疑問を感じるのは、自然の流れである。

家族法の適用を決定する国籍

意外と知られていないのは、国籍により、結婚や親子関係などに適用される家族法が異なることである。これは、「法の適用に関する通則法（本書では「通則法」と略す）」が家族関係について本国法主義を採用しているからである。

◆通則法

日本人と外国人の結婚のように、複数の国と関係のある法律問題が起きた場合、当然に日本法を適用するわけにはいかない。このような場合には、どこの国の法を適用するのか、という準拠法の問題が生じる。「通則法」は、結婚や親子関係などの家族関係だけではなく、契約や不法行為などについても、この準拠法の問題を規定している。通則法以前には、明治31年に制定された「法例」という法律が準拠法の問題を規定していたが、平成元年に婚姻・親子の規定が大幅に改正された。さらに、平成18年の全部改正により、名称も「法の適用に関する通則法」と変更されたが、婚姻・親子の規定は、実質上、法例の規定がそのまま引き継がれた。

たとえば、日本人同士の夫婦は、協議離婚ができるが、欧米では、裁判離婚しか認めない国が多いから、そのような国の同国人夫婦は、たとえ日本に居住していても、裁判離婚しかできない（通則法27条本文）。それでは、日本人と外国人の夫婦が日本に居住している場合は、どうだろうか。この場合は、例外的に日本法が優先されるので、協議離婚ができる（同条ただし書）。

また、夫婦の一方が他方の連れ子を養子とする場合、養子縁組の方法は、原則として養親の本国法によるが、養子の本国法が裁判などを要件とする場合は、その要件も具備しなければならない（通則法31条１項）。養親となる者と養子となる連れ子の両方が日本人である場合は、戸籍法上の届出だけで足りるが、欧米では、すべての養子縁組について、裁判を要件とする国が多いから、養親と養子の双方または一方がそのような国の国民であれば、家庭裁判所に審判を申し立てる必要がある。

もっとも、きわめて例外的に外国法の適用が排除されることがある。国際私法上の公序である（通則法42条）。連れ子養子ではないが、イラン人夫と日本人妻が夫の妹夫婦の子を養子にしようとした事案において、養子縁組を認めないイスラム法の適用を国際私法上の公序に反するとし、夫婦共同縁組を認めた例、日本人夫と中国人妻が妻の兄夫婦（日本に帰化した元中国人）の子二人を養子にしようとした事案において、養子を一人のみとする中国法を国際私法上の公序に反するとし、夫婦共同縁組を認めた例などがある（奥田・国際家族法248頁以下）。

これらは、外国法をそのまま適用すれば、養子縁組の成立自体が否定され、日本人配偶者が単独で養子縁組をするしかなかったという特殊なケースであり、単に養子縁組に裁判を必要とするか否かという程度の違いでは、国際私法上の公序は発動されないだろう。基本的には、その人の本国法がいかに日本法と異なる内容であっても、そのまま適用されるため、日本人同士の離婚や養子縁組とは異なる結果が生じることがある。

◆国際私法上の公序

通則法42条は、「外国法によるべき場合において、その規定の適用が公の秩序又は善良の風俗に反するときは、これを適用しない」とする。これを国際私法上の公序と称して、民法上の公序と区別するのには、訳がある。国際私法は、内外法の平等を原則とする。外国法が日本法と異なるのは当然のことであり、日本法では考えられないような内容であるからというだけで公序を発動したのでは、国際私法の存在意義自体が否定されることになる。そこで、国際私法上の公序は、個々の事案ごとに、様々な事情を考慮したうえで、きわめて例外的に発動される。

たとえば、外国法の適用により、養子縁組が成立しないとしたら、法律上の扶養請求権や相続権が認められないという結果が生じるが、それだけでは足りない。さらに、養親や養子となる者が外国人とはいえ、日本に安定して居住しており、今後も日本に長らく居住することが予想されるなど、日本との密接な関連があるかどうかも考慮される。このように国際私法独自の観点から、公序の発動が判断されるのである（奥田・国際家族法 496 頁以下）。

第２節　国籍の決定基準

血統主義と生地主義

このように個人や家族にとって大事な国籍は、生まれた時に決まる。もちろん出生後にも、帰化や届出によって新たに国籍を取得したり、従来の国籍を失ったりすることもあるが、大抵の人は、生まれた時に特定の国籍を取得している。

それでは、生まれた時の国籍は、どのような基準で決まるのだろうか。この点について、各国の国籍法は、大きく分けて血統主義または生地主義のいずれかを採用する。

血統主義は、親子関係によって国籍を決定する主義であり、親が自国民である場合に、子どもに国籍を与える。たとえば、ヨーロッパ大陸諸国や東アジア諸国は、血統主義を原則とする。

また生地主義は、子どもが生まれた場所によって、国籍を決定する主義であり、自国の領土内で生まれた子どもに国籍を与える。たとえば、南北アメリカなどの移民受入国は、生地主義を採用する。

しかし、血統主義を原則とする国も、例外的に生地主義を採用したり、生地主義を原則とする国も、部分的に血統主義を採用したりする。

たとえば、フランスは、1804 年に「外国でフランス人から生まれた子はフランス人」とする規定を設け、血統主義の元祖といえるが、その後の改正により、親子がともにフランス生まれの移民三世にもフランス国籍を与えるようになった。いわゆる「加重的生地主義」である。

また英国は、かつては無条件の生地主義を採用していたが、1981年の法改正により、親が英国国民または定住者であることを要件として加えた。オーストラリア（1986年）やニュージーランド（2006年）なども、同様の改正をしている。

さらにカナダやメキシコのように、血統主義と生地主義の両方を併用する国もあるから、世界各国の国籍法を完全に血統主義か生地主義のいずれかに分類することは、不可能である。

日本の国籍法は、比較的純粋な血統主義を採用するが、父母がともに知れない場合、または父母がともに無国籍である場合には、日本で生まれた子どもに日本国籍を与える（国籍法２条３号）。このような子どもは、親の血統によって国籍を決めることができないから、あくまで血統主義を貫いたら、無国籍になってしまう。そこで、補充的に生地主義が採用されたのである。

また、日本人の子どもが外国で生まれて重国籍になった場合には、国籍留保をしなければ、日本国籍を失う（国籍法12条）。これは、逆に外国で生まれたことを理由として、血統主義を制限しているから、やはり生地主義を加味しているといえる。

しかし、日本の国籍法が血統主義を原則としていることは、明らかである。わが国の憲法10条は、「日本国民たる要件は、法律でこれを定める」として、あたかも国籍法に全面委任しているかのように読めるが、血統主義を廃止して、生地主義を採用することは、「憲法改正にも匹敵する重要事項であって単なる立法政策の問題ではない」（沢木・ジュリスト103頁）。

すなわち、国民・領土・政府は、国家の基本要素であるが、そのうちの国民の範囲は、血統を基礎として決定することが、暗黙の了解となっており、これを変更するのであれば、国家の基本をもう一度根本から考え直す必要がある。したがって、血統主義を若干修正することはあっても、これを全面的に覆すことは、余程の事がない限り、あり得ない。

◆国家の三要素説

国家の基本要素として、国民・領土・政府の三つを挙げるのは、ドイツの法学者、ゲオルグ・イェリネクの学説によるものであり、一般に「国家の三要素説」として知られる（イェリネク・一般国家学 114 頁以下）。これに対して、1933 年のモンテビデオ条約は、永久的住民・明確な領土・政府・他国との関係を取り結ぶ能力という四つの要素を挙げる（1 条）。ここでいう「永久的住民」とは、一般に国民を意味するから、少なくとも国民・領土・政府が国家の基本要素であることは間違いない。

日本人のルーツ

ところで、血統主義を採用した場合は、生地主義とは異なった問題が生じる。

まず血統主義では、親子の血統によって、子どもの国籍を決めるから、その血統をさかのぼっていけば、「元祖日本人」に行き着くはずである。しかし、その元祖日本人は、どのようにして決定されたのだろうか。

この問題は、時代を無限にさかのぼる必要はない。なぜなら、明治 32 年に、わが国初めての体系的な国籍法（いわゆる旧国籍法）が制定された時、立法者が日本人の範囲をどのように考えていたのか、という問題だからである。

◆旧国籍法

現行民法と区別するために、明治 23 年の民法（未施行）を「旧民法」というように、現行の国籍法と区別するために、明治 32 年の国籍法を「旧国籍法」という。この旧国籍法は、血統主義を採用する点では、現行の国籍法と同じであるが、結婚、養子縁組、認知などに伴う国籍の取得や喪失を規定していたこと、国籍の離脱を大きく制限していたことなどの点で異なっていた。その内容については、必要に応じて、関連の箇所で説明するが、いずれにせよ現在の国籍法とは大きく異なることに注意して頂きたい。

厳密にいえば、わが国初めての国籍法は、明治６年の太政官布告第103号「外国人民ト婚姻差許条規」であるが、それは、結婚に伴う国籍の取得や喪失などを規定するだけであった。当時は、まだ体系的な国籍法がなかったのに、日本人と外国人を区別し、日本人と結婚した外国人女性は「日本人タルノ分限」を取得するなどと規定していた。

また、明治23年の民法（旧民法）人事編第２章は、「国民分限」という表題を掲げ、「日本人ノ子ハ外国ニ於テ生マレタルトキト雖モ日本人トス」、「父母分限ヲ異ニスルトキハ父ノ分限ヲ以テ子ノ分限ヲ定ム」など、体系的に国籍の取得や喪失を規定したが、結局のところ施行されなかった。

◆日本国民としての分限

外国人民ト婚姻差許条規は「日本人タルノ分限」、旧民法は「国民分限」というが、これらは、国籍と別のものを意味するわけではない。旧民法では、「親子ノ分限」という用語も使われたが、「分限」とは、一般に資格や身分を指していた。そうであれば、「日本人タルノ分限」や「国民分限」は、まさに国民としての資格であるから、これが国籍を意味することは、疑いの余地がない。ちなみに、旧民法のモデルとなった1804年のフランス民法も、単に「フランス人（Français）」ないし「フランス人の資格（la qualité de Français）」という用語を使っており、これを改正するための1889年の法律に至り、「国籍（nationalité）」という用語も使うようになった。もちろん、これらも同じ意味である（奥田・国際家族法88頁）。

これに対して、明治32年の旧国籍法は、わが国で初めて施行された体系的な国籍法であり、「子ハ出生ノ時其父カ日本人ナルトキハ之ヲ日本人トス」など、国籍の取得や喪失をあますことなく規定していた。しかし、この法律の施行後に生まれた子に国籍を承継すべき元祖日本人が誰であるのかは、規定しなかった。

一方、わが国の戸籍の歴史は、古代にまでさかのぼるが、現在の戸籍法の原型となったのは、明治４年の太政官布告第170号であり、その年の干支が壬申（みずのえさる）であったことから、この布告によって作成された戸籍を、一般に壬申（じんしん）戸籍と呼んでいる。

◇壬申戸籍

壬申戸籍は、政府の保護の対象となる「人民」の範囲を明らかにすることを目的としていたから（前文)、「国民基本台帳」といえるものであるが、その記載方法は住所を基準としていたから、「住民登録」でもあったし、また出生、死亡、結婚、養子縁組などを表示していたから、「身分登録」でもあった。しかし、親族関係にない同居者も記載されたり、華士族と平民の別、職業、寺、氏神、印鑑登録なども記載事項とされたり、さらに犯罪歴も記載されていたようである（奥田・国際家族法105頁以下)。

この壬申戸籍は、「臣民一般……其住居ノ地ニ就テ之ヲ収メ専ラ遺スナキヲ旨」としていたから、住民ではなく「臣民」という基準によって戸籍を編製し、住民のうち臣民と外人を区別していた。また、民法親族編・相続編の施行に伴って制定された明治31年の戸籍法も、「日本ノ国籍ヲ有セサル者ハ本籍ヲ定ムルコトヲ得ス」と規定していた。

もちろん、後述（本章第４節）のとおり、戸籍への記載と国籍の取得を同一視するわけにはいかないが、明治政府が初めて日本人全員を把握しようとして、壬申戸籍を作成したのであるから、「それは同時に、公権力による日本国民の範囲の確定という意味を持つものであった」（沢木・朝日ジャーナル95頁）。

したがって、国籍法にとっての元祖日本人は、一応、この壬申戸籍に記載された者であったといっても、差し支えないだろう。ただし、私たちが日本人であるといっても、このように考えれば、きわめて曖昧であることを忘れてはならない。

国籍に関する男女平等

つぎに、父母が両方とも日本人であれば、一応問題ないとしても、日本人と外国人の夫婦から生まれた子どもの国籍は、どうなるのだろうか。

この問題は、旧国籍法のもとでは、大した意味を持たなかった。なぜなら、日本人と結婚した外国人女性は、当然に日本国籍を取得し、外国人と結婚した日本人女性は、当然に日本国籍を失ったからである（ただし、大正５年の改正後は、夫の国籍を取得した場合にのみ、日本国籍を失うことになった）。

つまり夫婦の国籍は同じであるから、日本人と外国人の夫婦というものが、そもそも存在しなかった。したがって、旧国籍法は、「子ハ出生ノ時其父カ日本人ナルトキハ之ヲ日本人トス」と規定し、父系血統主義を採用していたが、親が日本人である場合に、子どもは日本人とすると規定しても、実質的には同じことであった。

ところが、昭和25年に現行国籍法が制定された際に、このような結婚による国籍の取得や喪失は、男女平等に反するとして廃止された。そして、諸外国の国籍法も、同様に改正されたから、戦後は、国際結婚によって、異国籍の夫婦が急増することになった。

当初は、戦前の父系血統主義がそのまま維持されたので、結局、異国籍の夫婦から生まれた子どもは、父親が日本人であれば、日本国籍を取得するが、母親だけが日本人の場合には、日本国籍を取得しなかった。

このような父系血統主義も、男女平等に反する疑いがあったが、これを維持する理由としては、他の大多数の諸国も、同様に父系血統主義を採用していたこと、そして、その結果として、異国籍夫婦の子どもは、すべて父親の国籍だけを取得し、重国籍を防止できることが挙げられていた（黒木＝細川 267 頁）。

しかし、父系血統主義は、無国籍児を発生させる危険もあった。父親の本国が生地主義を採用する場合は、本国以外の国で生まれた子どもの国籍取得を制限するのが一般的であったからである。現に、米軍基地のある沖縄では、米国人と結婚した日本人女性から生まれた多数の子どもが無国籍となり、社会問題になった。

◆沖縄の無国籍児問題

米国の移民国籍法（Immigration and Nationality Act）は、親の一方のみが自国民である子どもが外国で生まれた場合、その親自身が一定期間以上、本国に住んでいた経歴があること（親の本国居住歴）を国籍取得の要件とする（301 条 g 号）。したがって、米国人父親がこの要件を満たさなければ、日本で生まれた子どもは、米国国籍を取得しない。そこで、日本の国籍法の父系血統主義と相まって、米国人と結婚した日本人女性から生まれた子どもは、無国籍となった（法律上の無国籍）。また、米国人父親が妻子を置き去りにして、帰国してしまった場合には、父親の本国居住歴を証明することが困難になる。その結果、子どもは米国政府の出生証明書を取得することができず、事実上、無国籍の状態になった（事実上の無国籍）。沖縄には、法律上の無国籍児もいたが、実際上多かったのは、事実上の無国籍児であったといわれている（江川＝山田＝早田 71 頁）。

無国籍にならないまでも、日本人父親の子どもが日本国籍を取得するのに、日本人母親の子どもが日本国籍を取得しないのは、子どもの側からみれば、「社会的身分」による差別であり（憲法 14 条）、また親の側から見れば、「両性の本質的平等」に反する（憲法24条）。

そこで、父系血統主義は違憲であるとして、米国人父親と日本人母親から生まれた子どもの国籍確認を求める訴訟が提起されたりした（結果的には、違憲判決は出なかったが、学界では、違憲説が多数を占めていた）。

その頃、1979年に女性差別撤廃条約が国連総会で採択され、わが国も1980年に署名していた。この条約は、まさに「締約国は、子の国籍に関し、女子に対して男子と平等の権利を与える」と規定していたから（９条２項）、わが国が条約を批准するためには、ぜひとも国籍法の父系血統主義を改める必要があった。

そこで、ついに1984年（昭和59年）、国籍法が改正され、「出生の時に父又は母が日本国民であるとき」には、子どもが日本国籍を取得する、という父母両系血統主義が採用されたのである（２条１号）。

第３節　残された諸問題

重国籍の防止

それでは、昭和59年の国籍法改正によって、すべての問題が解決されたのだろうか。否、むしろ新たな問題が発生すると共に、従来からの問題点が顕在化し始めた。その要因の一つは、ちょうど国籍法改正の直後から、バブル経済を背景として、新たに来日する外国人の数が増え、わが国の家族関係が国際化したことにある。

まず、父母両系血統主義は重国籍者の増加を招くとして、重国籍の防止に関する規定が幾つか置かれた。

たとえば、外国人父親と日本人母親から生まれた子どもは、従来は、父親の国籍を取得するだけであったが、改正後は、母親の国籍も取得する。また、ヨーロッパ諸国を中心として、多数の国がすでに父系血統主義から父母両系血統主義に移行していたから、日本人父親と外国人母親から生まれた子どもも、重国籍となる可能性が増えた。そこで、「国籍選択制度」が設けられ、このような重国籍の子どもは、22歳までに、いずれかの国籍を選択しなければならないことになった（国籍法14条1項）。

また従来から、南北アメリカのような生地主義の国で生まれた子どもは、たとえ日本人夫婦の子どもであっても、重国籍になることがあり、このような子どもは、生まれてすぐに、日本国籍の留保をしなければ、日本国籍を失うとされていた。改正後は、外国で生まれた重国籍の子どもはすべて、「国籍留保制度」の適用を受けることになった（国籍法12条）。

重国籍の防止は、国際結婚をした夫婦の間でも問題となる。たとえば、外国人である夫や妻が日本に帰化する際には、原則として従来の国籍の喪失が求められる。いわゆる「重国籍防止条件」である（国籍法5条1項5号）。また、夫や妻の本国である外国に帰化した日本人は、自動的に日本国籍を失う。外国への帰化は、「自己の志望」による外国国籍の取得となるからである（国籍法11条1項）。

しかし、前述（本章第1節）のとおり、今や国際結婚をした家族は、複数の国を行き来することが多いが、家族の国籍が異なるために、大変な負担を強いられたり、あるいは家族が引き裂かれたりすることさえ起こり得る。

とくに子どもは、父親と母親の二つの国の文化、伝統、習慣などを受け継いでおり、使用言語や容貌などの点でも、双方の国と均等に密接な関係を持っていることが多い。それにもかかわらず、いずれかの国籍を選べというのだろうか。

婚外子の国籍

問題は、それに止まらない。父母が結婚していない場合、および父母が分からない場合における子どもの国籍については、結局、改正前からの問題点が完全には解決されなかったり、そのまま残ったりした。

まず、結婚をしていない父母から生まれた子ども（婚外子）は、法律的には父親がいないのと同じであるから、たとえ事実上の父親が日本人であっても、母親が外国人である場合には、日本国籍を取得しない。これは、昭和59年の改正前と同じである。

それなら、日本人父親が子どもを認知すればよいと思うだろう。しかし、国籍法２条１号は「出生の時に」日本人父親がいることを求めているから、出生前の認知（胎児認知）があればともかく、出生後に認知があっても、やはり日本国籍を取得しない。

もっとも、昭和59年改正の際、認知だけでなく父母の婚姻もあり、婚内子となった子ども（これを準正子という）は、日本国籍を取得できるようにした方がよいと考えられた。そこで準正子は、未成年の間に国籍取得届をすることにより、日本国籍を取得できるようになった（国籍法３条）。

ところが、日本人父親に妻がいて、子どもの母親とは結婚できず、認知しかできないなどの事情を抱えるケースが多発し、憲法14条にいう「社会的身分」による差別ではないかという声が高まった。そして、ついに初めて国籍法の規定を一部違憲無効とする最高裁大法廷判決が下され（平成20年６月４日判決）、これを受けて、父母の婚姻要件は廃止された。

しかし、それですべての問題が解決したわけではない。現行の国籍法３条も、認知だけでなく、別途に国籍取得届を要件としており、この届出の時から日本国籍の取得を認めるだけである。婚内子が出生の時から、親子関係の成立により、自動的に日本国籍を取得するのとは、依然として異なっている。

そこにどのような問題があるのかは、メディアでは、あまり取り上げられないが、当事者たちにとっては、深刻な問題があることを知ってもらいたい。

父母不明の子どもの国籍

わが国の国籍法は血統主義を採用するが、「父母がともに知れないとき、又は国籍を有しないとき」には、日本で生まれたことを理由として、子どもは日本国籍を取得する（国籍法２条３号）。これは、前述（本章第２節）のとおり、無国籍を防止するために、補充的に生地主義を採用した規定である。

しかし、ここでいう「父母がともに知れないとき」とは、どのような場合をいうのだろうか。

典型例は、捨て子（棄児）である。しかし、外国人らしい母親が病院で出産した後に行方不明となった事件が、1990年代前半に注目を集めた。「アンデレ事件」である。

このような場合には、母親が外国人である可能性が高いからといって、日本国籍の取得を否定してよいのだろうか。また、その後の調査によって、母親らしい女性の情報を入手できれば、「母が知れない」とはいえないのだろうか。さらに、裁判になった場合には、子どもの側が「父母がともに知れない」ことの立証責任を負うのか、それとも国の側が「父母のいずれかが知れている」ことの立証責任を負うのだろうか。

これらの問題が争われた裁判は、最終的に最高裁で請求が認められ、アンデレの日本国籍が確認された（平成７年１月27日判決）。しかし、この判決は、国籍法２条３号の条文に何の影響も及ぼさず、法務省も、その後の国籍実務について、通達や通知などの指針を示そうとしなかった。その結果、今でも各地の児童養護施設には、国籍の問題を抱える子どもが多数いる。

本当に無国籍を防止するには、国籍法２条３号の条文は不十分である。そもそも「父母がともに知れないとき」という条文では、児童相談所の職員が具体的に何をすればよいのか、分からないだろう。

アンデレのように三年間も裁判で闘わなくても、迅速に救済を受けることができるようにするためには、もっと分かりやすく、かつ効果的に無国籍を防げるような条文にすべきである。

第４節　国籍と戸籍の関係

虚偽の届出と国籍

以上のとおり、わが国の国籍法は、人権の観点からみて、多くの問題を抱えている。そして、納得のいかない理由によって、子どもの国籍取得が否定される場合、子どもを日本人として育てたいと願う父母は、人知れぬ悩みを味わったことだろう。

しかし、子どもを日本人として育てたいからといって、虚偽の出生届をすることは許されない。このような虚偽の届出によって、本当は日本人でない子どもを戸籍に記載させた者は、「公正証書原本不実記載罪」に問われるおそれがある（刑法157条）。しかし、それだけではない。このような子どもは、そもそも日本国籍を取得していないのである。

◆戸籍の電算化

平成６年の戸籍法改正により、「電子情報処理組織による戸籍事務の取扱いに関する特例」という章が設けられ（現在は第６章）、戸籍の電算化作業が開始した。これに伴い、従来の戸籍謄本や抄本に代えて、全部事項証明書や一部事項証明書（さらに個人事項証明書）が交付されるようになった（戸籍法120条）。しかし、戸籍の電算化は、すべての市町村で完了したわけではない。そこで虚偽の届出により、従来の戸籍に誤った記載をさせた場合には、「公正証書原本不実記載罪」となり、電算化された戸籍に誤った記載をさせた場合には、「電磁的公正証書原本不実記録罪」となるが、どちらも刑法157条１項により、５年以下の懲役または50万円以下の罰金という同じ刑罰が規定されている。

この点を誤解して、子どもは戸籍に記載されているから、日本国籍を取得したものと信じ込んでいる人が結構多いようである。しかし、戸籍の記載は、「日本国籍の存在を推定させる証明資料」にすぎない（江川＝山田＝早田49頁）。

したがって、本来戸籍に記載されるべきでない子どもが記載されていた場合には、そのような記載は訂正しなければならない。日本国籍があるからこそ、戸籍に記載されるのであって、その逆ではない。

さらにいえば、国籍の取得は、あくまで国籍法によって定まるのであって、その要件を満たさない者は、誤って戸籍に記載されていても、国籍を取得するということは、絶対にあり得ない。

◇戸籍の記載

日本人父と外国人母の「婚姻後」に生まれた子どもは、出生により日本国籍を取得し、婚内子出生届により戸籍に記載されるが、正確にいえば、父親の戸籍に入り、名欄に記載され、父親との続柄（長男、長女など）などが記載される（図Ⅰの4）。

紛らわしいのは、日本人父と外国人母の「婚姻前」に生まれた子どもについて、父親が婚内子出生届をした場合である。この子どもは、出生の時点では、婚外子であるから、日本国籍を取得していないが、出生後に父母が婚姻したので、父親の出生届に認知の効力が認められる（戸籍法62条）。これにより、準正が成立し、子どもが婚内子となるからである。しかし、さらに国籍取得届をしなければ、日本国籍を取得しない（国籍法3条）。したがって、子どもは、父親の身分事項欄に氏名、国籍、生年月日などが記載され、「認知届出の効力を有する出生届出」があったことが記載されるだけである（図Ⅰの5）。

このように同じく婚内子出生届をしても、戸籍の記載が全く異なる。それにより、子どもが日本国籍を取得しているかどうかを知ることができるのであるから、戸籍の読み方には、十分注意する必要がある。

図Ⅰの4　婚姻後に生まれた子どもの入籍

（1の1）　全部事項証明

本　　籍 氏　　名	東京都千代田区平河町一丁目10番地 甲野　義太郎
戸籍事項 　戸籍改製	【改製日】平成19年11月3日 【改製事由】平成6年法務省令第51号附則第2条1項による改製
戸籍に記録されている者	【名】義太郎 【生年月日】昭和40年6月21日　　　【配偶者区分】夫 【父】甲野幸雄 【母】甲野松子 【続柄】長男
身分事項 　婚　姻	【婚姻日】平成9年4月15日 【配偶者氏名】ベルナール、ルイサ 【配偶者の国籍】フィリピン共和国 【配偶者の生年月日】西暦1971年1月1日 【従前戸籍】東京都千代田区平河町一丁目4番地　甲野幸雄
戸籍に記録されている者	【名】ゆり 【生年月日】平成11年2月15日 【父】甲野義太郎 【母】ベルナール、ルイサ 【続柄】長女
身分事項 　出　生	【出生日】平成11年2月15日 【出生地】東京都千代田区 【届出日】平成11年2月19日 【届出人】父
	以下余白

図Ⅰの5　婚姻前に生まれた子どもの記載

(1の1)　全　部　事　項　証　明

本　　籍 氏　　名	東京都千代田区平河町一丁目10番地 甲野　義太郎
戸籍事項 　戸籍改製	【改製日】平成19年11月3日 【改製事由】平成6年法務省令第51号附則第2条1項による改製
戸籍に記録されている者	【名】義太郎 【生年月日】昭和40年6月21日　　【配偶者区分】夫 【父】甲野幸雄 【母】甲野松子 【続柄】長男
身分事項 　婚　姻	【婚姻日】平成9年4月15日 【配偶者氏名】ベルナール、ルイサ 【配偶者の国籍】フィリピン共和国 【配偶者の生年月日】西暦1971年1月1日 【従前戸籍】東京都千代田区平河町一丁目4番地　甲野幸雄
認　知	【届出日】平成9年4月20日 【届出の性質】認知届出の効力を有する出生届出 【認知した子の氏名】ベルナール、マリア 【認知した子の国籍】フィリピン共和国 【認知した子の生年月日】西暦1996年1月20日 【認知した子の母の氏名】ベルナール、ルイサ
	以下余白

先に、明治4年の壬申戸籍に記載された者が一応の「元祖日本人」であると述べたのは、このような趣旨である。すなわち、私たちは今、戸籍に記載されていても、親が日本人でないことが証明されたら、その戸籍は抹消される。また、親が日本人として戸籍に記載されていても、祖父母が日本人でないことが証明されたら、やはり自分と親の戸籍が抹消される。

このように、どこまでもさかのぼることは、事実上行われていないから、一般的には戸籍の記載によって、日本人であることになっているが、虚偽の届出をした場合は、すべてが覆ることになってしまう。

出生未登録の子どもの国籍

反対に、本来戸籍に記載されるべき者が記載されていない場合には、生まれた後、何年経っていようとも、新たに戸籍に記載される。この場合も、出生の時点における国籍が確認されただけであり、戸籍への記載によって、新たに国籍を取得したわけではない。

筆者が見聞した範囲では、1970年にフィリピンで日本人夫とフィリピン人妻から生まれた子どもの出生届が、やっと1994年になされたという例がある。

出生当時のフィリピンは、まだ父系血統主義を採用していたから、子どもは、母親のフィリピン国籍を取得しない。また、父母両系血統主義を採用した1973年以降であったとしても、当時の日本の国籍法では、米国などの生地主義の国で生まれた重国籍者以外は、国籍留保が必要なかった。すなわち、外国で生まれて重国籍になった者として、国籍留保が求められたり、それを怠ったために、日本国籍を失ったりすることは、あり得ないケースであった。

したがって、20年以上後の出生届であっても、子どもは、もともと日本国籍を取得していたことが確認されたから、戸籍に記載されたにすぎず、戸籍への記載によって、新たに国籍を取得したわけではない。

もっとも、子どもが国外で生まれた場合でも、日本人父親は、3か月以内に出生届をする義務があるから（戸籍法49条1項）、5000円の過料を命じられた。これは、一般的に届出を怠った者を3万円以下の過料に処する、という戸籍法の規定によるものであり（120条、現行の135条では5万円以下の過料）、刑罰ではなく行政罰である。

しかし、この程度の過料であれば、安いものだと考えてはならない。何世代も経た後に、日本国籍が判明した場合には、とんでもない手間暇を必要とするからである。

残留孤児の国籍

国籍と戸籍の関係を考えるうえで、最も象徴的なのは、残留孤児である。たとえば、中国残留孤児は、全く戸籍に記載されていなかったり、一旦は戸籍に記載されていても、行方不明ということで除籍されたりするが、その後、肉親が判明した場合などには、改めて戸籍に記載されることになる。

◆中国残留孤児

戦前に満州に渡った日本人移民のなかには、敗戦の混乱のなかで取り残された人たちが多数いた。その後、1949年に成立した中華人民共和国政府は、わが国との間に国交がなく、中国残留孤児の帰国は、事実上不可能となった。しかし、1972年の日中共同声明により国交が回復し、残留孤児の帰国支援事業が開始すると、直ちに戸籍の回復や就籍が問題となった。1980年代の前半までは、身元が判明した者の戦時死亡宣告の取消事件や戸籍訂正事件（誤って死亡届が出されていたケース）が比較的多かったが、やがて身元が判明しなくても、父母の双方または少なくとも母親が日本人であることは間違いないとして、新たに戸籍を作成する就籍事件が増えた（奥田・家族と国籍有斐閣版151頁以下）。

メディアは、これを「国籍の取得」とか「国籍の回復」などと呼んでいるが、それらはすべて、生まれた時から国籍を取得していたことが確認されただけであり、一度も日本国籍を失ったことはないのである。したがって、中国残留孤児が改めて戸籍に記載された場合、「戸籍の作成」とか「戸籍の回復」、さらには「国籍の確認」ということはできても、「国籍の取得」とか「国籍の回復」とはいえない。

最近では、フィリピン残留孤児やベトナム残留孤児なども話題となっているが、これらは、さらに複雑な問題がある。ここでは、フィリピン残留孤児の国籍認定を取り上げる（奥田・比較法雑誌 377 頁以下）。

フィリピンには、19 世紀末から終戦までの間に、多くの日本人移民が渡ったといわれているが、日本人男性とフィリピン人女性の間に生まれた子どもが残留孤児になったという点で、中国残留孤児とは大きな違いがある。

当時は、父系血統主義が採用されていたが、いずれにせよ日本人父親とフィリピン人母親の婚姻が有効に成立したことを証明しなければ、子どもは、日本国籍の取得を認定してもらえないのである。

◇婚姻の証明

フィリピンは、1898 年までスペイン領であり、1889 年のスペイン民法は、同年 12 月 7 日にフィリピンでも施行されたが、同月 29 日には、婚姻に関する規定の施行だけを取り止める命令が発せられた。その後、1898 年から 1946 年までは、日本軍の占領期（1942 年～1944 年）を除き、米軍の統治下にあったが、婚姻の成立については、独自の法令が制定された。

まず 1899 年の一般命令があり、それが 1928 年に改正された後、1930 年の婚姻法が制定され、1950 年のフィリピン民法制定まで施行されていた。それらは、おおむね婚姻の挙行、挙行者の権限、婚姻許可証（1928 年以降）を婚姻の方式要件としていたが、微妙に異なっていた。

本来は、婚姻が成立したとされる時期に応じて、それぞれの法令上の方式要件を満たしているかどうかを調べる必要がある。しかし、就籍許可審判の多くは、国立公文書館の婚姻記録や市町村の婚姻登録によって、婚姻証書の作成や治安判事などへの届出を認定している。なかには、本人や自分より年長の兄姉の出生証明書に婚内子と書かれていることから、父母の婚姻を認定したり、根拠を明確に示さなかったりするものもある。とはいえ、就籍許可の申立てが却下されたなかには、父親が日本人であることの証拠が足りないとするものだけでなく、父母の婚姻の証明が不十分とするものも、少数ながらあった。

さらに問題であるのは、日本人男性が妻を日本に置いたまま、フィリピンに渡って、現地でフィリピン人女性と重ねて結婚した、というケースが少なくなかったことである。

わが国の民法では、戦前から重婚は、取り消し得るだけであり、取消しの効力はさかのぼらないから、その間に生まれた子どもは婚内子とされる。ところが、フィリピン法では、一貫して重婚は無効とされ、無効な後婚から生まれた子どもは婚外子とされた。

フィリピン法は、現在は、婚外父子関係についても認知を要しない事実主義を採用しているが、1988年までは、わが国と同様に認知主義を採用していた。ただし、1950年のフィリピン民法は、無効な婚姻から生まれた子どもについて、法律上当然に認知が成立したものとみなす規定を置いており、この規定を民法制定前に生まれた子どもにも遡及適用していた。

わが国の民法によれば、日本人父親が何十年も前に亡くなっており、死後認知の訴えを起こすこともできない状況であったので、フィリピン残留孤児の支援団体が困って、筆者に就籍裁判の意見書を依頼してきた。

そこで、子どもの出生当時に施行されていた「法例」によれば、本来は、日本人父親の本国法（日本法）により認知届または認知の裁判を要するが、このように例外的なケースでは、婚姻を無効とする法（フィリピン法）により「認知の擬制」を認めるべきである、と主張する意見書を提出した。

東京高裁は、この意見書の主張を認め、残留孤児の就籍を許可し（平成 25 年 4 月 16 日決定）、その後は家裁も、同様のケースでは、この東京高裁決定に従って、就籍を許可しているようである。

第５節　国籍をめぐる誤解

市民権

戸籍との関係以外にも、国籍をめぐる誤解は多数ある。そのなかの一つとして、「市民権」という言葉がある。なかには、国籍という言葉は古臭く、市民権といったほうが進歩的だと思っている人もいるようである。

これは、英語の <citizenship> に「市民権」という訳語をあてたことに一因がある。<friendship> を「友達権」と訳す者はいないだろう。これが友情や交友関係を指すことは、誰でも知っている。それなのに、<citizenship> を「市民権」と訳した途端に、誤解を招いている。

まず、カナダ、オーストラリア、南アフリカには、<Citizenship Act> という法律があるが、そこでいう <citizenship> は国籍とほぼ同じ意味であり、要するに「国籍法」を意味する。

また、中東欧諸国では、<citizenship> に当たる言葉が「国籍」を意味し、<nationality> は「民族」を意味する。そこで、欧州評議会が欧州国籍条約 (European Convention on Nationality) を審議した際には、条約の表題を含め、すべて <citizenship> と置き換えるべきである、という意見もあった（奥田編訳・資料集 96 頁）。

しかし、従来の様々な国際条約でも、広く <nationality> という用語が使われていたので、この意見は退けられ、代わりに国籍が「種族的出身」を意味するものでない、とする注意規定が置かれた（2条a号)。

◇欧州国籍条約と欧州連合市民権

欧州評議会（Council of Europe）は、1949年に人権などの分野を扱うためにストラスブールで設立された国際機関であり、欧州連合の加盟国だけでなく、ロシアやトルコなどを含む47か国が加盟し、日本、米国、カナダなどの5か国がオブザーバーとなっている（2015年9月現在)。欧州人権条約および欧州人権裁判所が有名であるが、国籍・戸籍の分野においても、多数の条約を採択している。とくに1997年の欧州国籍条約は、国籍法の諸原則を包括的に規定したものとして重要である（全文の翻訳および解説については、奥田編訳・資料集92頁以下)。

これに対して、欧州連合市民権（citizenship of the European Union）は、1992年のマーストリヒト条約により定められ、現在は、欧州連合運営条約20条1項に定義されている。それによれば、加盟国の国籍を有する者が連合市民とされるから、連合市民権は、加盟国の国籍に取って代わるものではない。加盟国の国籍を有するかどうかは、それぞれの国の国籍法により判断され、それを前提として、連合市民とされるだけである。とくに自由移動の権利など、欧州連合により保護された権利を享受する地位を定めるものではあるが、あたかも超国家的な国籍概念が成立したかのようにいうのは控えるべきだろう。

一方、米国の移民国籍法は、国民（nationals）ではあるが、市民（citizens）ではない者として、属領（米領サモアおよびスウェインズ島）で生まれた者などを挙げている（308条)。また南米では、国民のうち、政治的な権利を有する者だけを市民とする国がある。たとえば、チリの1980年憲法は、重い刑罰を受けたことのない18歳以上のチリ国

民 (chilenos) を市民 (ciudadanos) とし、選挙権および被選挙権、その他の政治的な権利を有するとする（13条)。しかし、これらの国では、国内法上の権利の享有を市民権 (citizenship, ciudadania) の有無によって区別しているだけであり、国籍 (nationality, nacionalidad) を国民の要件とするのは、わが国と異ならない。

さらに、米国では、<civil rights> という言葉も広く用いられているが、これを「市民権」と訳したら、<citizenship> との混同を招くので、法律研究者は、一般に「市民的権利」と訳している。この「市民的権利」という言葉は、米国において、南北戦争後に黒人の権利を保護するために使われるようになった（田中英夫編・英米法辞典148頁)。

たとえば、1866年の市民的権利に関する法律 (Civil Rights Act、「公民権法」とも訳される）では、契約を締結する権利、訴訟を提起する権利、財産を相続し、購入し、賃借し、売却し、保有し、譲渡する権利、身体と財産の安全を守るための法律の適用を平等に受ける権利、白人と同様の刑罰を受ける権利が挙げられている。

黒人は、南北戦争の前は、奴隷であったから、権利の主体（人）ではなく客体（物）として扱われてきた。そこで「市民的権利」という言葉は、黒人を「物」ではなく「人」として扱うべきであるという主張から始まり、その後広く平等権一般を指すようになったのである。

◆グリーン・カード

米国の永住権証明書は、一般に「グリーン・カード」と呼ばれる。同名のタイトルの映画において「アメリカ人になるために」という宣伝文句があったので、グリーン・カードを取得したら、あたかも米国の国籍を取得したかのように思い込む人がいるかもしれない。たしかに、グリーン・カードを取得した後、5年の居住要件を満たせば、米国への帰化申請をすることができる（移民国籍法316条a項)。しかし、わが国と同様に、外国への帰化により国籍を失わせる国もあることなどから、グリーン・カードのままの人も多いようである。帰化をしていない場合は、あくまで外国人であるから、米国国民と同一視することはできない。

忠誠義務

別の意味で混乱を招いているのが、忠誠義務である。国民は、国家に対し忠誠義務を負うが、複数の国に忠誠を誓うことはできないから、重国籍は認められない、というニュアンスで語られることがある。これもまた、「義務」という余計な言葉がつくことにより、誤解を招いている。

たしかに、英米では、一般に忠誠（allegiance）によって、国籍を定義することが多い。たとえば、米国の移民国籍法では、国民とは「国家に永久忠誠を誓う者」をいう（101条a項21号）。

しかし、このような忠誠による国民の定義は、中世の封建君主に対する服従から派生したものであり、現在では、英米独自の概念というしかない。忠誠は、君主の領土内における出生から生じるものとされていた点からみても、生地主義を採用する英米諸国に残ったのだろう（柳井・イギリス近代国籍法史研究38頁、江川＝山田＝早田4頁以下）。

◆カルヴィン事件

忠誠（allegiance）のルーツを考えるためには、カルヴィン事件（Calvin's Case）という1608年の英国裁判所の判決をみる必要がある（ただし、<allegiance>は、もともと<ligeance>から派生した言葉であり、本判決では、中世ラテン語の<ligeantia>という言葉も使われている）。

1603年、イングランドのエリザベス一世が死去し、スコットランドのジェイムズ六世がその王位を継承して、イングランドでは、ジェイムズ一世となった。いわゆる同君連合（Union of the Crowns）である。そこで、1606年にスコットランドで生まれたロバート・カルヴィンがイングランドの土地に対し権利を主張することができるか、という裁判が提起された。

判決のなかで、裁判所は、四つの忠誠を区別した。第1は、出生により生じる「生来の忠誠」、第2は、外国人が新たに国籍を取得したことによる「伝来の忠誠」、第3は、国王の領土内に一時的に滞在することにより生じる「局地的忠誠」、第4は、法に従って宣誓することにより生じる「法律上の服従」である。そして、カルヴィンは、スコットランド国王であるジェイムズ六世と同一のイングランド国王ジェイムズ一世に「生来の忠誠」を誓っているから、イングランドの臣民であり、イングランドの土地に対する権利を主張することができるとされた（以上については、柳井・イギリス近代国籍法史研究37頁以下）。

このような忠誠が米国では国王に対するものであり得ないことは、当然であるが、いずれにせよ、<allegiance>は、単なる服従ではなく、権利の保護を意味していることにも注意する必要がある。

それでは、英米諸国は、複数の国に忠誠を誓うことができないからといって、重国籍を認めていないのだろうか。

たとえば、米国では、親の国籍を問わず、領土内における出生によって、子どもが米国国籍を取得するから、重国籍者は、きわめて多いが、わが国の国籍選択制度のようなものは設けられていない。たしかに、戦前の日系移民の排斥運動では、忠誠の観点から重国籍を問題視する主張があったが（第2章第2節）、結局のところ、重国籍を理由として米国国籍の付与を制限する立法はなされなかった。

また米国への帰化申請手続では、米国憲法への忠誠や外国への忠誠の放棄などを誓うが（移民国籍法337条）、外国国籍の離脱まで求められているわけではない。現に、フィリピンで2003年に制定された国籍維持・再取得法は、主に在米フィリピン人を念頭に置き、米国に帰化する際に、フィリピン国籍を維持する宣誓をしたり、すでにフィリピン国籍を失っている場合は、宣誓により再取得したりできるようにすることを目的としたものであった。

このように国籍と忠誠を結びつける考え方自体が、普遍的なものとはいえない。また米国のように、忠誠により国民を定義し、帰化に際し忠誠の宣誓をさせる国でさえも、重国籍を事実上容認していることをみれば、英米でいう忠誠（allegiance）は、わが国で重国籍の禁止を主張する人たちが考えているような「忠誠義務」とは異なるように思われる。

血統主義と生地主義の優劣

国籍を決定する基準についても、血統主義は時代遅れであり、生地主義のほうが進歩的だという声がある。しかし、そもそも血統主義と生地主義のいずれが優れているのかという議論は、あまり意味がない。なぜなら、どちらにも一長一短があり、優劣をつけがたいからである。

血統主義を基本とする国では、親が自国民でない場合に、自国の領土内における出生により国籍を付与するのは、あくまで例外に留めるしかない。わが国では、それが「父母がともに知れないとき、又は国籍を有しないとき」（国籍法２条３号）に限定されるのに対し（補充的生地主義）、フランスでは、親もまたフランス生まれである移民三世にフランス国籍を与える、という加重的生地主義が採用されている。しかし、これらは、例外の範囲が狭いか、広いかという程度問題にすぎない。

一方、生地主義を基本とする国では、親が自国民であっても、国外出生子の国籍取得を制限するしかない。たとえば、米国では親の本国居住歴、南米諸国では届出や本人の帰国などが要件とされている。そのため、かつて沖縄で無国籍児問題が発生したのは、前述（本章第２節）のとおりであり、今なお児童養護施設には、親が南米諸国の出身であるため、無国籍となっている子どもが相当数いる（第４章第４節）。

さらに、米国内で生まれた子どもは、たとえ親が不法移民であっても、米国国籍を取得するが、このように純粋な生地主義を定めた連邦憲法修正第14条には、かねてより改正の議論がある。たとえば、2016年の大統領選挙において、トランプ、カーソン、クルーズは、この規定を批判したが、ブッシュとルビオは、支持を表明したとのことである（西山・移民大国アメリカ77頁）。

英国は、1981年の法改正により生地主義を修正し、国内出生子の国籍取得について、親が自国民または定住者であることを要件に加えたが、国外出生子の国籍取得については、親が国内出生により国籍を取得したことを条件としたので、国外移住者の子孫は、三代目から国籍を取得しなくなる。このように親の血統による国籍取得を厳しく制限するのは、基本は生地主義だからである。

とはいえ、カナダやメキシコのように、血統主義と生地主義の両方を無条件に採用する例は少なく、親の国籍を問わず、国内出生子に国籍を与えながら、親が自国民であるからといって、国外出生子にも国籍を与えることを同時に実現するのは、なかなか難しいようである。

国籍唯一の原則

重国籍の禁止を主張する人たちは、「国籍唯一の原則」があるというが、この原則は、もともと無国籍の防止と重国籍の防止を同時に述べたものである。

現に、そのルーツとされる1895年の万国国際法学会ケンブリッジ会期の決議では、「すべての人は国籍を持たなければならない」という原則と「何人も二つの国籍を持つことはできない」という原則が採択されている（江川＝山田＝早田18頁）。

また、1930年の国籍法抵触条約についても、「抵触（conflict）」という言葉から、積極的抵触（重国籍）だけを思い浮かべるかもしれないが、消極的抵触（無国籍）が含まれている。現に条約の前文は、万国国際法学会の決議と同様に、無国籍の防止と重国籍の防止の両方を条約の目的とする。そして、重国籍については、外交的保護権との関係や国籍離脱の自由などを規定するだけであるが、条約の内容は、むしろ無国籍の防止に重点があり、国籍離脱が無国籍となる自由を含まないこと、外国人との結婚や養子縁組による国籍の喪失が相手方と同じ国籍の取得を条件とすること、父母不明の子に出生地国の国籍を取得させることなどを規定する。

重国籍の防止に特化した条約としては、欧州評議会が1963年に採択した重国籍減少条約があるが、当時はまだヨーロッパにおいても、結婚による国籍取得や喪失が残っていたり、父系血統主義が支配的であったりした。その後、1993年の第二次改正議定書では、国際結婚により他方の配偶者の国籍を取得した者の国籍維持、国際結婚から生まれて重国籍となった子どもの国籍維持などを容認する規定が追加され、さらに1997年の欧州国籍条約では、締約国がこれらの場合の重国籍を許容する義務を負うことになった（14条１項）。

このようにヨーロッパでは、重国籍の防止から重国籍の容認、さらには重国籍の許容義務へと変遷していった（奥田・国際家族法81頁）。ところが、わが国は、まだヨーロッパが重国籍防止の段階にあった1984年に国籍法を改正したきりであり、その後の変化に対応しようとしていない。

一方、無国籍の防止については、前述（本章第１節）のとおり、世界人権宣言、自由権規約、児童権利条約が「国籍取得権」を規定しており、これらが無国籍の防止を目的とすることは、明らかである。また、わが国は締約国になっていないが、無国籍減少条約が1961年に国連で採択されている（これらの条約の詳細については、奥田・国籍法と国際親子法59頁以下）。

以上のとおり、国籍唯一の原則は、その後の国際法の発展をみれば、無国籍の防止のほうが重要視されてきたことが分かる。これに対して、重国籍の防止は、一時期のヨーロッパにおいて支配的であったとはいえ、現在では、大きな修正を迫られている。その背景に家族関係の国際化があることは、いうまでもない。

ちなみに、戦前の米国における日系移民迫害の例を挙げて、「重国籍を認めないのは本人のためだ」という人がいるが、時代錯誤の感がある。当時は、わが国の旧国籍法が国籍離脱を厳しく制限していたが、戦後は、重国籍者の国籍離脱を届出だけで認めている（国籍法13条）。しかも交通や通信手段の状況が当時とは全く異なるから、万が一重国籍であることにより不利益を受けることがあっても、簡単に日本国籍を離脱することができる。そのような法制度の違いや環境の違いを無視して、戦前の例を持ち出しても、何の意味もない。

第６節　未承認国（政府）の国籍法の適用

日台関係の国籍問題

2016年９月に、当時の民進党代表代行（後に代表に選出）が日本国籍と中国国籍の両方を有する二重国籍者ではないか、というニュースが流れたが、本当に二重国籍者であったのかどうかについては、関連する国籍法の規定を注意深く調べる必要がある。

報道によれば、民進党代表の父親は、台湾人とのことであるから、以下では、わが国の国籍実務において、台湾人の国籍がどのように扱われてきたのかを振り返りたい。

日清戦争の結果を受けて、1895年に下関条約が締結され、台湾が日本に割譲され、台湾人は日本国民とされた。ただし、従来からの日本国民は、内地人として内地の戸籍に記載されたが、台湾人は台湾の戸籍に記載されて、戸籍上の区別があった。もっとも、内地人と台湾人の間に婚姻や養子縁組などがあった場合には、戸籍の異動があった。

第二次世界大戦の終結により、サンフランシスコ講和条約が締結されたが、台湾人の国籍がどうなるのかは、全く規定されなかった。

しかし、わが国が台湾などに対するすべての権益を放棄するとされていたので、台湾人などが日本国籍を失うのは当然であるとして、法務省の通達（昭和27年4月19日民事甲第438号）が発出され、条約発効の時（同月28日午後10時30分）から、台湾人などは、「内地に在住している者を含めてすべて日本の国籍を喪失する」とされた。また、その頃には戸籍の異動が停止されていたが、条約の発効までに婚姻や養子縁組などがあり、台湾戸籍などから内地戸籍に移るべきであった者は、引き続き日本国籍を有し、逆に内地戸籍から台湾戸籍などに移るべきであった者は、日本国籍を失うとされた。

この通達は、朝鮮人と結婚した元内地人女性については、そのまま最高裁で支持されたが（昭和36年4月5日大法廷判決）、台湾人と結婚した元内地人女性については、昭和27年8月5日に日華平和条約が発効した時から、日本国籍を失ったとされた（昭和37年12月5日大法廷判決）。しかし、これらは、国籍喪失時点の違いにすぎず、国籍の喪失自体は、司法によっても支持されている。

一方、中華民国政府は、1946年に「在外台僑国籍処理弁法」を制定し、在外台湾人は、同年末までに申出がない限り、中国国籍を回復するとした。

民進党代表の父親の生年は、明らかでないが、代表本人が1967年生まれであることからみれば、父親は戦前生まれの台湾人だったのだろう。そして、サンフランシスコ講和条約（法務省通達）または日華平和条約（最高裁大法廷判決）が発効した時に、日本国籍を失ったが、中華民国政府の在外台僑国籍処理弁法により、中国国籍を回復したようである。

また、わが国では、昭和22年に外国人登録令、昭和27年に外国人登録法が制定されたが、登録事項としての国籍は、台湾人についても、当初から「中国」とされていたから（第16回国会衆議院外務委員会議録第3号17頁）、民進党代表の父親は、「中国国籍」として登録されていたものと思われる。

◆国籍の表記

外国人登録法は、登録事項として「国籍」を挙げていた（4条1項6号）。その国籍は、原則として、旅券によって認定されるが（2条2項）、旅券を所持しない「在日一世」およびその子孫（最近では「オールドカマー」ともいわれる）については、次のような取扱いがなされていた。「朝鮮半島出身者であることが判明しているものは、原則として『朝鮮』と表示し、そのうち、韓国旅券又は韓国国民登録証等により韓国籍が確認できるものは『韓国』と表示する」、「台湾出身者であることが判明している者は、他に国籍を証明するものがない限り『中国』と表示する」（田村・外国人登録法逐条解説99頁）。

この「朝鮮」という表記は、直ちに北朝鮮（朝鮮民主主義人民共和国）を意味するわけではない。昭和40年の法務省見解も、「かつて日本の領土であった朝鮮半島から来日した朝鮮人を示す用語であって、何らかの国籍を表示するものではない」としている（民事月報48巻6号175頁）。すなわち、国名ではなく、民族名を意味していたと考えるべきだろう。

このような国籍の表記は、平成24年施行の入管法改正により外国人登録制度が廃止され、在留カード（中長期在留者）や特別永住者証明書（オールドカマー）が交付されるようになった後も、基本的に維持されているようである。ただし、後述のとおり、台湾やパレスチナの旅券も有効とされるようになったことから（平成10年以降）、今では、台湾やパレスチナという地域の名称も記載できる（入管法19条の4第1項1号、入管特例法8条1項1号）。しかし、これらは、国籍ではなく、あくまでも「地域」の名称にすぎない。

日中国交回復

1949年に中国大陸では、中華人民共和国政府が成立し、中華民国政府は台湾に移転して、今日に至るまで、それぞれ実効的に支配している。国際法上は、中国という一つの国家に二つの政府が存在し、いずれを正統政府として承認するのか、という「政府承認」の問題が生じたのである。わが国は、1972年の日中共同声明までは、中華民国政府を承認していたが、その後は、中華人民共和国政府を承認している。

ところで、わが国の国籍法を適用する前提として、外国の国籍法を適用すべき場合がある。たとえば、自己の志望による「外国国籍の取得」があり、日本国籍を失ったのか（国籍法11条1項）、帰化許可における重国籍防止条件を満たすために、「外国国籍の喪失」があったのか（国籍法5条1項5号）、外国での出生の際に「外国国籍の取得」があり、国籍留保届をしなかったことにより、日本国籍を失ったのか（国籍法12条）、そして、「外国の国籍を有する日本国民」として、国籍選択義務を負うのか（国籍法14条1項）などである。

これらの外国国籍の取得や喪失は、日本国籍の取得や喪失の要件であったり、国籍選択義務の有無を判断する前提であったりするが、わが国が独自に決めることはできない。「何人が自国民であるかを自国の法令によって決定することは、各国の権限に属する」のであるから（国籍法抵触条約1条前段）、その外国の国籍法を適用するしかない。

ところが、一つの国家に二つの政府が存在し、それぞれが独自の国籍法を制定している場合には、どちらの国籍法により、外国国籍の取得や喪失を判断するのかという問題が生じる。

わが国の立場としては、1972年の日中国交回復までは、中華民国政府を承認していたのであるから、中国国籍の取得や喪失については、中華民国の国籍法を適用していたはずであるが、それが現実の問題となったのは、むしろ日中国交回復後であった。

すなわち、前述（本章第4節）のとおり、日中国交回復後は、多数の中国残留孤児が帰国し始めたが、その際に、大部分の者が中国の旅券（護照）を所持していた。仮にこれが中国への帰化を意味し、自己の志望による「外国国籍の取得」があったとすれば、これらの者は、すでに日本国籍を失っていることになる。しかし、帰化の手続をとったとしても、それは、日中国交回復前の中華人民共和国の国籍法によったものだろう。すなわち、未承認政府の国籍法による国籍取得であるから、日本国籍の喪失を招かないのではないか、という疑問があった。

ところが、法務省の立場は、「中国国籍取得の意思が真正なものであったと認められる限り、日中国交回復の日（昭和47年9月29日）をもって日本の国籍を喪失した」というものであった（昭和49年10月11日民五第5623号回答）。なぜなら、未承認政府の国籍法による帰化の効力は認められないが、その後の政府承認により、帰化の効力が顕在化したからというのである（民事月報34巻4号20頁、37巻4号10頁）。

この帰化の顕在化論は、東京地裁によっても支持された（平成4年5月27日判決、平成7年12月21日判決）。ただし、これらの判決では、帰化が「自己の志望」によるものであることの立証責任を、国側が尽くしていないとして、結局のところ、日本国籍の喪失が否定された。これは、残留孤児が帰化の手続をとったとしても、やむを得ない事情であったことを考慮したものと思われる（奥田・家族と国籍有斐閣版165頁以下）。

◇顕在化論の問題点

中華人民共和国の国籍法による帰化の効力が、日中国交回復によって顕在化したというのであれば、逆にそれ以前に中華民国の国籍法により帰化の手続をして、日本国籍を失ったとされていた者は、日中国交回復の日をもって、日本国籍を回復することになるのではないか、という疑問がわく。筆者は、このような理由から、かつて顕在化論を批判したことがある（奥田・国際家族法84頁）。

しかし、日本政府がこのような日本国籍の回復を認め、これに該当する者が戸籍を回復したという例は見当たらない。これは、日本国籍を失っていない場合は、政府承認により、それ以前の帰化の効力が顕在化するが、すでに有効な帰化により日本国籍を失っている場合は、それを撤回することはできないからではないか、とも考えられる。

政府承認と国籍法の適用

以上の法務省の回答や東京地裁判決では、未承認政府の国籍法を適用しないという原則は維持されている。

そこで、日中国交回復後の中国国籍の取得や喪失は、中華民国の国籍法ではなく、中華人民共和国の国籍法によるという立場で、法務省の国籍実務が運用されてきたようである。

たとえば、日中国交回復後に中国に帰化したとして、中華民国政府が発行した帰化証を添付してなされた国籍喪失届（戸籍法 103 条）は、受理することができないとされている（昭和 49 年 12 月 26 日民五第 6674 号回答）。

◇帰化証の効力

この回答例については、国籍法の適用・不適用とは無関係であり、もっぱら帰化証の効力の問題という見方があるかもしれない。たとえば、未承認政府が発行した帰化証では、その信憑性を確認する方法がなく、これを正式な公文書として認めたら、その政府を承認したのと同じ結果となって、わが国の外交政策と矛盾する、という見解がある（国籍・帰化の実務相談 236 頁）。

しかし、戸籍実務のほうでは、日中国交回復後に日本人と台湾人が台湾で成立させた婚姻、離婚、養子縁組などについて、台湾地方法院の公証書を添付した報告的届出が受理されている（奥田・国籍法と国際親子法 88 頁）。これは、中華民国政府の書類を正式な公文書として認めることに、支障がないことを示している。

さらに、前述の顕在化論も、中華人民共和国政府が未承認であった頃の帰化について、日中国交回復の日に効力が顕在化したというのであるから、問題は書類にあるのではなく、帰化の根拠法令が未承認政府の国籍法であったことによるとみるべきだろう。

また、日本人男性と台湾人女性から生まれた子どもの国籍について、法務省の職員が執筆した解説は、いずれも中華人民共和国の国籍法によっている。

(1) 日本人夫と台湾人妻との間に台湾で生まれた子どもは、2000年改正以前の中華民国の国籍法（父系血統主義）によれば、中国国籍を取得せず、二重国籍にはならないが、中華人民共和国の国籍法は、建国当初より父母両系血統主義を採用しているから、子どもは日中二重国籍になり、国籍留保制度の適用を受けるとされている（戸籍513号25頁）。

(2) 父親である日本人男性が認知をしていない台湾人女性の婚外子については、次のとおり解説されている。「台湾には中華民国政府がありますが、我が国は、昭和47年9月29日の日中国交正常化以降、中華人民共和国政府を中国の唯一の合法政府として承認しています。そして、個人の国籍の有無は、我が国によって承認された国家の法令によって決定されます。このため、お孫さん（＝台湾人女性の婚外子・筆者注）の国籍の判断に当たっては、中華民国ではなく、中華人民共和国の国籍法によることになります」（戸籍時報579号58頁）。

(3) 日本人男性と台湾人女性の婚姻後に生まれた子どもについて、父母の婚姻が無効であるとしたら、国籍がどうなるのかという設問を掲げ、中華人民共和国の国籍法により、中国国籍を取得したとする解説がある（戸籍時報741号79頁）。

さらに、帰化の重国籍防止条件についても、日中国交回復前は、あらかじめ中華民国政府の国籍喪失許可証の交付を受けておくことが求められていたが、日中国交回復後は、中華人民共和国の国籍法により、日本に帰化する中国人は、当然に中国国籍を失うから、もはや国籍喪失許可証を要しないとされている（民事研修420号25頁以下）。

◆帰化実務との齟齬？

実際の帰化実務では、今なお台湾人に対し中華民国政府の国籍喪失許可証を求めているようである。しかし、これは、帰化の許可が法務大臣の自由裁量によることから、説明がつく。すなわち、国籍法に規定された重国籍防止条件は、法務大臣が帰化を許可する最低条件にすぎない（第２章第３節）。中華人民共和国の国籍法により、自動的に中国国籍を失うから、その最低条件は具備しているが、法務大臣は、裁量権の範囲内において、その他の事情を考慮することが許される。台湾人については、国籍法に規定された重国籍防止条件以外に、さらに中華民国政府の国籍喪失許可証を求めたとしても、裁量権の逸脱とは考えられないだろう。

これに対して、国籍選択届（国籍法 14 条２項、戸籍法 104 条の 2）の場合は、そもそも届出人が「外国の国籍を有する日本国民」として国籍選択義務（国籍法 14 条１項）を負っているのでなければ、不受理処分をすべきであり（第２章第１節）、そこに裁量の余地はない。したがって、承認政府の法だけを適用するのか、それとも未承認政府の法も適用するのかは、決定的な意味を持つことになる。

中国国籍の取得と喪失

以上のような法務省の国籍実務を前提とするならば、民進党代表は、もともと二重国籍者ではなかった、という結論になるだろう。もちろん国籍認定は、多数の資料を確認する必要があり、慎重に行うべきであるから、以下で述べるのは、報道から知り得た情報にもとづく憶測の域を出ない。

民進党代表が生まれたのは、日中国交回復前の 1967 年であるから、中華民国の国籍法により、中国人父の婚内子として中国国籍を取得した。母親は日本人であり、当時の日本の国籍法は、父系血統主義を採用していたから、出生の時点では、日本国籍を取得しなかった。

ところが、昭和 59 年（1984 年）の改正により、日本の国籍法が父母両系血統主義に移行した際に、ある特例措置が設けられた。すなわち、改正法の施行時点（1985年1月1日）に20歳未満の者（1965年1月1日以降生まれ）で、出生の時に日本人であった母親が現在も日本人である場合は、3年以内に法務大臣に届け出ることによって、日本国籍を取得できるとされた（改正法附則5条）。

当時17歳だった民進党代表は、国籍法施行後まもなく届出をして、日本国籍を取得したようである。この届出による国籍取得は、帰化と異なり、従来の国籍喪失が求められていたわけではなかったが、父親と一緒に、亜東関係協会（現・台湾日本関係協会）に国籍喪失許可の相談に行ったようである。

しかし、当時の中華民国の国籍法（1929年公布）によれば、帰化や届出など、自分の意思で外国国籍を取得した場合も、本人が20歳以上であって、中国法により行為能力を有するのでなければ、国籍喪失は許可されないことになっていた（11条ただし書）。したがって、国籍喪失許可は、申請すらできなかったはずであるが、その当時はまだ中国語を全く理解できなかったし、父親から相談の結果について聞かされていなかったようである。

◆中華民国政府の国籍喪失許可

中華民国の国籍法は、その後、2000年に全面改正された。従来の父系血統主義は父母両系血統主義に改められ、女性の結婚による自動的な国籍の取得や喪失が廃止されて、性別を問わず、簡易帰化が認められるようになった。さらに国籍喪失許可の規定も改正され、未成年者も、親が国籍喪失許可を申請する際に、一緒に許可申請をすることができるようになった（11条2項）。しかし、旧法では、そのような親と一緒の国籍喪失許可は認められていなかったし、いずれにせよ代表の父親は、ずっと中国国籍のままだったようである。

それでは、民進党代表は、日中二重国籍者となったのだろうか。ここで重要であるのは、改正法附則の届出により日本国籍を取得した時点では、1972年の日中国交回復により、中華人民共和国政府が中国の正統政府として承認されていたことである。

中華人民共和国の国籍法によれば、外国に定住する中国人は、自分の意思で外国国籍を取得した場合には、自動的に中国国籍を失う（9条）。わが国の国籍実務では、承認政府の国籍法だけが適用されるのであるから、民進党代表は、自ら届出により日本国籍を取得したことにより、自動的に中国国籍を失っており、二重国籍者にはならなかったはずである。

法務省の対応

ところが、2016年9月以降の法務省の対応は、不可解きわまりないものであった。

まず民進党代表は、国籍選択義務を怠っているのではないか、という批判をかわすために、中華民国政府から国籍喪失許可を得た。これは、現行の国籍法では、外国人の配偶者となった者に国籍喪失許可の申請を認めているから（11条1項3号）、日本人との結婚を理由とするものであったと思われる。

しかし、この喪失許可証を添付して、外国国籍喪失届（戸籍法106条）を日本の区役所にしたところ、不受理処分を受けたようである。外国国籍喪失届は、そもそも「外国の国籍を有する日本人」がするものであるが、民進党代表は、中華人民共和国の国籍法により、自動的に中国国籍を失っているから、この処分自体は妥当であったと思われる。

ところが、法務省は、別の理由により不受理処分を指示したようである。民進党代表は、法務省からの行政指導により、日本国籍の選択宣言の届出（いわゆる国籍選択届）をしたというのである（戸籍法104条の2）。前述のとおり、国籍選択届は、届出人が国籍法14条にいう「外国の国籍を有する日本国民」でなければ、適法な届出として受理することができない。なぜそのような行政指導をしたのかは、理解に苦しむ。

しかも本書の執筆時点（2017年2月）までに、国籍選択届の受理・不受理に関する情報は見当たらない。法務省は、上記のような行政指導をしたものの、「外国の国籍を有する日本国民」に該当するかどうかの判断に苦しんでいるのではないか、と推測される。

従来どおり、承認政府の国籍法だけを適用するのであれば、民進党代表は、改正法附則の届出により日本国籍を取得した結果、自動的に中国国籍を失っており、「外国の国籍を有する日本国民」には該当しないから、国籍選択届は不受理とすべきである。

これに対して、従来の国籍実務を変更し、未承認政府の国籍法も適用し、かつ民進党代表には、中華民国の国籍法を適用すべきであるとすれば、その国籍喪失許可により、すでに中国国籍を失っている。したがって、先の外国国籍喪失届の不受理処分は撤回し、改めてこれを受理することになるが、いずれにせよ、国籍選択届は不受理とすべきである。

家族法の適用との比較

ところで、家族法の適用は、国籍法の適用とは異なる経緯をたどった（奥田・国際家族法42頁以下）。

裁判所の判例では、すでに日中国交回復前から、未承認の国家や政府の家族法を適用するものが多かった。たとえば、後述（第2章第4節）の王京香事件では、当時は未承認であった中華人民共和国政府の法により、離婚請求が認められた。

これに対して、戸籍実務は、長らく未承認の国家や政府の家族法の適用を否定してきた。ところが、日中国交回復からまもなく、中華民国法の適用を認める回答が現れた（昭和51年9月8日民二第4984号回答）。

それは、日本人が台湾人を養子とするケースであり、平成元年改正前の法例によれば、養子の本国法上の要件も満たす必要があった。これについて、法務省の回答は、養子となる台湾人が中華人民共和国と何ら接触がないことから、中華民国法を適用し、それによれば、養親の年齢が養子より20歳以上年長であることを要するとして、養子縁組届を不受理としたのである。

その結果、同じく未承認政府の法でも、国籍法の適用は否定されるのに、家族法は適用されるという状況になった。

前述（本章第1節）のとおり、わが国の通則法は、家族関係について本国法主義を採用しており、その本国法は、人がいずれの国籍を有するのかによって決定される。そこで筆者は、未承認政府の法を本国法として適用するためには、その国籍法を適用しなければ、論理的に矛盾することになる、と主張したことがある（奥田・国際家族法87頁）。

しかし、上記の法務省の回答例でいえば、養子が中国国籍を有するかどうかは、中華人民共和国の国籍法により判断し、本国法としては、中華人民共和国との接触の有無を考慮して、中華民国の家族法を適用することで構わない、という見方もあるだろう。

パレスチナとの比較

さらにパレスチナ法の適用について、2007年に新たな展開があった（奥田・国際家族法85頁以下）。

パレスチナは、1988年の独立宣言以来、国家として承認する国が増えており、2012年には、国連の「オブザーバー国家」とする決議が採択されたが、わが国は、まだ承認していない。入管法上も、パレスチナ旅券は、台湾旅券と同様に、「政令で定める地域の権限のある機関の発行した……文書」として有効とされているにすぎない（入管法2条5号ロ、入管法施行令1条）。

そこで従来、パレスチナ人夫婦から生まれた子どもは、「父母がともに……国籍を有しないとき」に該当し、日本で生まれたことを理由として、日本国籍を取得する（国籍法2条3号）という扱いがなされてきたようである（補充的生地主義）。

ところが、2007年（平成19年）10月15日以降に日本で生まれたパレスチナ人夫婦の子どもは、「パレスチナ国籍」とする扱いに変更されたのである（平成19年10月3日民一第2120号通知）。その後さらに、パレスチナ人夫婦から生まれた子どもの出生届には、父母の国籍を「パレスチナ」と表記できるとした回答（平成20年3月27日民一第1091号回答）、パレスチナ人男性と中国人女性の婚姻届について、夫となる者の本国法を「パレスチナ法」として審査した回答（平成24年9月24日民一第2439号回答）が出ている。

その結果、パレスチナ法については、国籍法と家族法の両方ともが適用される、という扱いになった。しかし、家族法はともかく、国籍法の適用については、中華民国法との取扱いの違いが気になる。

わが国が承認していないとはいえ、事実上の交流がある点は、パレスチナと中華民国とで大きな違いはない。パレスチナについては、駐日パレスチナ常駐総代表部があり、ヨルダン川西岸に日本政府代表事務所があるが、中華民国についても、台湾日本関係協会があり、台湾では、日本台湾交流協会が実質的に大使館の役割を果たしている。前述のとおり、入管法上、旅券が有効とされている点も同じである。

したがって、パレスチナの国籍法を適用するのであれば、中華民国の国籍法を適用することも、あながち不可能とはいえないだろう。すなわち、国家承認や政府承認と国籍法の適用を切り離すことは可能であり、その先鞭をつけたのが、パレスチナに関する国籍実務の変更であったといえよう。

ただし、政府承認と国家承認の違いも気になる。政府承認の場合は、他に正統政府があるから、その承認政府（中華人民共和国政府）の国籍法を適用することができるが、国家承認の場合は、パレスチナの国籍法を適用しなかったら、「無国籍」という扱いになってしまう。

また、中国国籍の取得や喪失について、中華民国の国籍法を適用することは、中華人民共和国の国籍法の不適用を意味し、中国の正統政府として、中華人民共和国政府を承認したわが国の立場と矛盾することになりかねない。

何度も繰り返すが、「外国の国籍を有する日本国民」に該当するかどうかは、わが国が独自に決めることはできない。法務省が民進党代表の中国国籍について、中華人民共和国の国籍法を適用するのか、それとも中華民国の国籍法を適用するのか、その結論が待たれる。

第2章　重国籍の防止と容認

第1節　国籍選択

重国籍の原因

同時に複数の国籍を有する重国籍は、なぜ生じるのだろうか。教科書的な説明によれば、父母両系血統主義により、国際結婚から生まれた子どもは、二重国籍になるとか、日本人夫婦の子どもでも、生地主義の国で生まれたら、二重国籍になるとか、親が国際結婚であり、かつ生地主義の国で生まれたら、三重国籍になるとかいう例を挙げることになるのだろう。しかし、現実は、そう簡単ではない。

前述（第１章第５節）のとおり、生地主義を原則とする国は、親が自国民であっても、国外で生まれた子どもの国籍取得を制限している。したがって、血統主義を原則とする国（日本など）の国民と生地主義を原則とする国（米国、南米など）の国民が結婚し、その子どもが日本で生まれた場合は、本当に二重国籍であるのかどうかを慎重に調べる必要がある。

沖縄の無国籍児問題（第１章第２節）を思い出してもらいたい。わが国が父系血統主義を採用していた時代に、米国人と結婚した日本人女性から生まれた子どもが多数無国籍になり、社会問題となったが、その一因は、米国の移民国籍法が親の本国居住歴を国籍取得の要件としていた点にもあった。

すなわち、米国人父親が本国居住歴の要件を満たさなければ、子どもは米国国籍を取得しないし、また米国人父親が妻子を置き去りにして、帰国してしまったら、親の本国居住歴を証明することが困難となり、子どもが本当に米国国籍を取得しているのかどうかは、分からなくなる。日本の国籍法が父母両系血統主義を採用する現在では、まさに二重国籍となっているのかどうかを確かめようがなくなるのである。

また、英国の国籍法は、かつては無条件の生地主義を採用していたが、1981 年の改正により、親が英国国民または定住者であることを要件として加えた。したがって、子どもの出生日を確認し、その当時に施行されていた国籍法を調べる必要があり、現行法だけを参照したのでは、誤りを犯すおそれがある。

「旅券を確認すればよい」という人がいるが、全くの誤解である。外国で生まれた日本人夫婦の子どもは、すぐに日本の領事館などで出生届をしていれば、後述（本章第２節）の国籍留保の問題が生じることもなく、日本の旅券で帰国するだろう。結局のところ、子どもの出生当時に施行されていた国籍法を、正確に調査する必要性から逃れることはできない。

◆旅券の意味

旅券は、本来、人が国境を越えて移動することや、渡航先の国で保護が与えられることを求める文書である。現に日本の旅券には、「日本国民である本旅券の所持人を通路故障なく旅行させ、かつ、同人に必要な保護扶助を与えられるよう、関係の諸官に要請する」と書かれている。

旅券の発給を申請する際には、戸籍謄本の提出が求められる。戸籍によって日本国民であることが証明されるからこそ、旅券が発給されるのであって、その逆ではない。その戸籍も、日本国籍の存在を推定させる証明資料にすぎない（第１章第４節）。日本国籍を有しないにもかかわらず、戸籍に記載され、その誤った戸籍の記載に基づき、旅券が発給されたからといって、旅券の所持人が日本国民になるわけではない。

筆者が見聞した範囲では、ある国の人が1981年以前の英国で生まれ、英国の旅券が発給されたが、それは、父親が外交官として滞在していた時のことであった、という例がある。いくら当時の英国が純粋な生地主義を採用していたからといっても、外交官の子どもには国籍を与えない。現在も純粋な生地主義を採用する南北アメリカも、同じである。つまり英国の旅券は、誤って発給されたのである。この例から分かるように、国籍の確認は、旅券ではなく、やはり国籍法をみる必要がある。

同様に、親の本国が今の国籍法では父母両系血統主義を採用しているとしても、多くの場合、かつては父系血統主義を採用していたであろう。したがって、やはり子どもの出生日を確認して、その当時に施行されていた国籍法を調べる必要がある。さらに、わが国と同様に、国籍選択制度や国籍留保制度を採用する国があり、出生により取得した外国国籍を失っている可能性がある。

国籍選択のルーツ

以上のとおり、外国国籍を取得しているかどうかは、必ずしも明確でないことがあるし、仮に外国国籍を取得していたとしても、その後に喪失していないかどうかまで調べなければ、ある人が重国籍であるとはいえない。それは、本人にも分からないことが多いし、ましてや国が日本国民の重国籍をすべて正確に把握するのは、事実上不可能である。

それにもかかわらず、昭和59年（1984年）の国籍法改正により、父母両系血統主義が採用されたことから、重国籍の可能性が増えたとして、「国籍選択制度」が設けられた（黒木＝細川392頁）。

モデルとなったのは、1977年に欧州評議会閣僚委員会で採択された「婚内子の国籍に関する決議」であった。それによれば、各国が国籍選択の制度を設け、外国国籍を選択した者が自国の国籍を失うよう規定することが勧告されていた（江川＝山田＝早田 150 頁）。

しかし、この勧告に従ったのは、イタリアだけである。そのイタリアも、1992 年には、国籍選択制度を廃止した。また 2000 年に、ドイツが新たに国籍選択制度を設けたが、後述（本章第 7 節）のとおり、その対象は、加重的生地主義による重国籍者だけであり、趣旨が異なる。さらに、1997 年の欧州国籍条約により、国際結婚から生まれた子どもの重国籍は、許容する義務が課された（第 1 章第 5 節）。したがって、日本の国籍選択制度が欧州にならったというのであれば、その根拠はすでに失われている。

ところが、わが国は、欧州の制度を拡大さえしたのである。すなわち、「外国の国籍を有する日本国民」は、重国籍になったのが 20 歳に達する以前の場合は、22 歳に達するまでに、また重国籍になったのが 20 歳に達した後の場合は、その時から 2 年以内に、いずれかの国籍を選択しなければならない（国籍法 14 条 1 項）。その結果、すべての重国籍者は、国籍選択義務を負う（図Ⅱの 1）。

まず、出生により重国籍となった者は、それが父母の国際結婚によるのか、生地主義国で生まれたことによるのかを問わず、22 歳までに国籍選択をしなければならない。外国で生まれたために、国籍留保届をしていても、さらに国籍選択の義務がある。

また、出生後の重国籍は、外国人が日本国籍を取得する場合と、日本人が外国国籍を取得する場合があり、20 歳までに重国籍になったら 22 歳までに、20 歳以降に重国籍になったら 2 年以内に、国籍選択をしなければならない。

外国人による日本国籍の取得は、帰化または届出による。帰化による場合は、重国籍防止条件が課されているが、例外的に免除されることがある（本章第 4 節）。また、日本人父から認知された子どもや、国籍留保届の懈怠により日本国籍を失った子どもが、届出により国籍

図Ⅱの1　国籍選択義務者の範囲

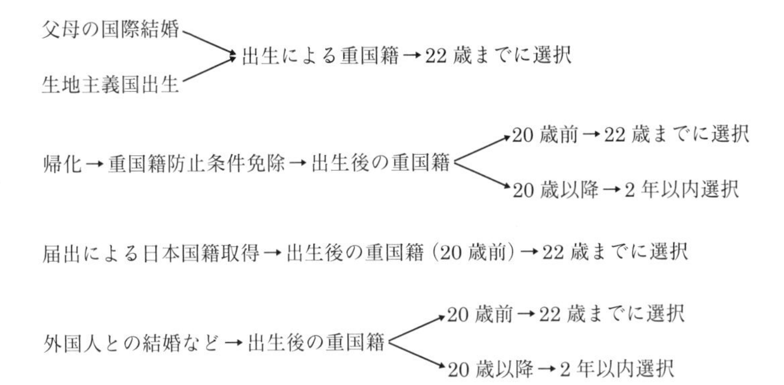

を取得する場合は、重国籍防止条件がない。もっとも、外国の国籍法からみたら、届出という自分の意思で日本国籍を取得したのであるから、従来の外国国籍を失うことがある（第3章第4節）。

日本人が外国国籍を取得し、それが帰化や届出による場合は、「自己の志望」によるものとして、日本国籍を失うが、外国人との結婚や養子縁組などにより、帰化や届出の手続を経ないで、自動的に外国国籍を取得した場合は、日本国籍を失わず、重国籍となる。ただし、このようなケースは、それほど多くない（本章第5節）。

国籍選択の方法

国籍選択の方法は、日本国籍を選択する場合と外国国籍を選択する場合とで異なる。

日本国籍を選択する方法は、外国国籍を離脱するか、それとも日本国籍を選択し、外国国籍を放棄する旨の宣言（選択の宣言）を、日本の市町村への届出（戸籍法104条の2）によりするか、いずれかによることができる（国籍法14条2項）。一方、外国国籍を選択する方法は、それとして規定されていないが、重国籍者は、法務大臣への届出（窓口は法務局または在外公館）により、日本国籍を離脱できるから（国籍法13条）、この国籍離脱届をした場合は、外国国籍を選択したことになる（図Ⅱの2）。

このように日本国籍の離脱は簡単であるが、外国国籍を離脱できるのかどうかは、その外国の国籍法しだいである。

わが国でも、戦前の旧国籍法は、当初、外国への帰化あるいは外国人との結婚や養子縁組などによる国籍喪失を規定するだけであり、自ら国籍を離脱することを認めていなかった。その後、国籍留保制度が設けられ、指定された生地主義国で生まれたことにより重国籍となった子どもは、一定期間内に国籍留保届をしなければ、日本国籍を失うことになったが、届出や許可による国籍離脱は、大きく制限されていた（黒木＝細川358頁以下）。

諸外国でも、わが国の現行法と同様に、国籍離脱を届出だけで簡単に認めるものがあれば、許可にかからせるもの、徴兵や年齢などにより離脱を制限するもの、全く国籍離脱を認めないものなど、様々である（江川＝山田＝早田104頁）。

そのため、「選択の宣言」が認められたのである。これは、「日本の国籍を選択し、外国の国籍を放棄します」と書かれた届出用紙に、現在の外国国籍を記載して、市町村に提出するだけである（図Ⅱの3）。

日本の市町村に「外国国籍を放棄します」という届出をしたところで、実際に外国国籍を失うことはないだろう。わが国の国籍法では、外国法により外国国籍の選択手続をした場合は、自動的に日本国籍を失うが（本章第5節）、これは、前述の欧州評議会閣僚委員会の決議にならったものであり、少なくとも今では、同様の例は見当たらない。

「選択の宣言」をした者は、外国国籍を離脱する努力義務を負うだけである（国籍法16条1項）。ただし、その外国の公務員になることによって、日本国籍を選択した趣旨に著しく反すると認定された場合は、法務大臣から日本国籍の喪失を宣告されることがある（同条2項）。

図Ⅱの2　国籍離脱届の見本

国　籍　離　脱　届

法　務　大　臣　殿 日本の国籍を離脱したいので届出をします。		平成　22年　7月20日	
国籍を離脱しようとする者	(ふりがな) 氏　　名	こうの　よしたろう 甲　野　義　太　郎	
	生年月日	平成　4年　4月　10日	
	住　　所	東京都千代田区平河町〇丁目〇　~~番地~~ 番　〇　号	
	本　　籍	東京都千代田区平河町〇丁目〇　番地 番 筆頭者の氏名　甲野　義太郎	筆頭者との続柄 本　人
	現に有する外国の国籍	アメリカ合衆国	
添付書類		・戸籍謄本　・住所を証する書面　□（住民票の写し） ・国籍証明書　□資格を証する書面	
届出人署名		※受付の際に自筆していただきますので，空欄にしておいてください。	

※日本国籍を離脱しようとする者が15歳未満のときは，下欄に書いてください。

法定代理人の資格	親権者（□父 □養父　□母 □養母）　□後見人	
署　　名		
住　　所	番地 番　　号	番地 番　　号
届出人連絡先電話番号	（　　　　）	
上記署名は自筆したものであり，届出人は写真等と相違ないことを確認した。 受付担当官		
（処理欄）		

出典：http://www.moj.go.jp/ONLINE/NATIONALITY/6-3-1.html

図Ⅱの3　国籍選択届の見本

国籍選択届	受理　平成　12年　5月　19日 第　109　号	公認印
平成12年　5月　19日届出	送付　平成　年　月　日 第　号	
在バンクーバー総領事　殿	書類調査 / 戸籍記載 / 記載調査	

（よみかた）	（氏）　やまかわ	（名）　さぶろう	生年月日
国籍選択をする人の氏名	山川	三郎	昭和 57年 1月 5日
住所	カナダ国ブリティッシュコロンビア州コロンビア州バンクーバー市 西ヘースティング通り1177番800号		世帯主の氏名 山川太郎
本籍	東京都千代田区霞が関2丁目1 ~~番地~~ 番		筆頭者の氏名 山川太郎
現に有する外国の国籍	米国籍，フランス国籍		
国籍選択宣言	日本の国籍を選択し，外国の国籍を放棄します。		
その他	母がフランス国籍者であり，米国で出生したため，重国籍者となっている。		
届出人署名押印	山川三郎　印		

届出人（国籍選択宣言をする人が15歳未満のときに書いてください）		
資格	親権者（□父　□養父）□未成年後見人	親権者（□母　□養母）
住所		
本籍	番地 番 筆頭者の氏名	番地 番 筆頭者の氏名
署名押印 生年月日	印 年　月　日	印 年　月　日

出　典：http://www.vancouver.ca.emb-japan.go.jp/documents/koseki_shomei/nationality_choice.pdf

一方、期限内に日本国籍を選択しない者に対しては、法務大臣が催告をすることができる（国籍法15条1項）。この催告を受けるべき者の所在が分からない場合（たとえば、外国に住んでいて、日本の領事館に在留届を出していない場合など）には、官報によって催告することができる（同条2項）。

これらの催告を受けた者は、1か月以内に日本国籍を選択しなければ、自動的に日本国籍を失う。ただし、天災など、やむを得ない事情によって選択できなかった場合には、選択できるようになった時から、2週間以内に選択することができる（同条3項）。

官報による催告で日本国籍を失った者は、外国国籍を失うことを条件として、日本国籍の喪失を知った時から1年以内の届出により、日本国籍を再取得することができる。ここでも、天災など、やむを得ない事情によって届出ができなかった場合には、届出ができるようになった時から、1か月以内に届出をすることができる（17条2項）。この国籍再取得は、遡及しないから（同条3項）、国籍の喪失期間は、そのまま残る。

国籍選択の誤解

このような国籍選択制度は、多くの誤解を生んでいる。2016年9月に、当時の民進党代表代行（後に代表に選出）が重国籍ではないか、というニュースが駆け巡り、誤解が一気に露呈した。分かりやすい例として、当時の法務大臣記者会見（同年10月18日）を取り上げたい。

民進党代表は、前述（第1章第6節）のとおり、昭和59年国籍法改正の特例措置としての届出により、日本国籍を取得したが、従来からの中国国籍と合わせて重国籍になったのではないか、という疑いが広まった。

その後、中華民国政府の国籍喪失許可を得て、外国国籍喪失届（戸籍法106条）をしたが、それが不受理となったので、法務省の指導により、2016年10月7日、国籍選択宣言の届出（いわゆる国籍選択届）

をしたとのことである（戸籍法104条の2)。ただし、これが受理されたかどうかは、当時の報道をみる限り、明らかではないし、本書の執筆時点（2017年2月）でも確認されていない。

◆なぜ受理が重要であるのか

「受理」という言葉は、いろいろな意味で使われる。たとえば、訴訟を提起する場合の訴状の受理は、もちろん訴状に書かれた内容、つまり請求の認容ではなく、訴訟の開始を意味するにすぎない。しかし、戸籍法上の届出の受理は、婚姻などが法律上の要件を満たしていることを審査したうえで、適法であると判断したことを意味する（民法740条など)。

国籍選択の宣言は、戸籍法上の届出による。その届出は、届出人が国籍法14条1項にいう「外国の国籍を有する日本国民」に該当すると認定された場合に限り、適法な届出として受理処分がなされ、その届出日が戸籍に記載される。逆に、これに該当しないと判断されたら、その届出は不適法として不受理処分がなされ、届書などが返却される。

たとえば、日本人の子どもが米国人夫婦の養子として渡米し、養父母の申請により米国国籍を取得したが、養子が成年に達した後に、日本国籍の選択宣言の届出をしたところ、「自己の志望」により外国国籍を取得したので、すでに日本国籍を失っているとして、届出が不受理となったケースがある（平成28年3月16日民一第280号回答)。もっとも、届出を受け付けた市役所では、直ちに受理・不受理の判断ができなかったので、法務局経由で法務省に受理照会がなされた（戸籍法施行規則82条)。

民進党代表のケースも、受付はしたけれども、まだ受理されていない状態ではないかと推測される。それは、前述（第1章第6節）のとおり、「外国の国籍を有する日本国民」に該当するかどうかに問題があり、法務局が判断に苦しんでいるからであろう。本書の執筆時点（2017年2月）では、情報を入手できていないので、憶測の域を出ないが……。

このような状況において、国籍選択届までは国籍法に違反していたのではないか、という指摘が一部にあり、記者会見では、これをどのように思うのかという質問が出て、法務大臣は、次のとおり答えている。

「一般論で言いますと、法律の定める期限後に日本国籍の選択宣言の届出を行った場合、それまでの間、国籍法第14条第1項の国籍法上の国籍選択義務に違反していた事実がなくなるものではないものの、日本国籍の選択宣言の届出は国籍選択義務の履行に当たると考えています。そして、台湾当局から国籍喪失許可証の発行を受けることは、国籍法第16条第1項の外国国籍の離脱の努力に当たると考えています」。

「台湾出身の重国籍者については、法律の定める期限までに日本国籍の選択の宣言をし、これは国籍法第14条第1項、従前の外国国籍の離脱に努めなければならない、これは国籍法第16条第1項ということになります。期限後にこれらの義務を履行したとしても、それまでの間は、これらの国籍法上の義務に違反していたことになります」。

ここでは、「国籍法上の義務違反」ということが繰り返し述べられている。しかし、その義務違反の効果が何であるのかは、一切明かされていない。

たしかに、国籍法の条文では、「国籍を選択しなければならない」として、国籍選択の義務が規定されている（14条1項）。しかし、その義務違反の効果は、法務大臣から催告を受けて、本人が日本国籍を失うことがあるだけであり（15条）、罰則が規定されているわけではない。

また、国籍選択届をした場合も、外国国籍の離脱に努めなければならないとされているが（16条1項）、その趣旨に反する外国の公務員職への就任があった場合に、法務大臣から日本国籍の喪失宣告を受けて、本人が日本国籍を失うことがあるだけである（同条2項～5項）。

それにもかかわらず、大臣の発言は、あたかも国籍選択義務や外国国籍離脱の努力義務に対する違反が犯罪行為に当たるかのような印象を与えている。これは、義務だけを強調して、義務違反の効果をきちんと説明しないからである。

その義務違反の効果は、国籍選択の催告や日本国籍の喪失宣告がなされたときに、日本国籍の喪失として生じるのであり、そのような催告や宣告がなされていない期間について、義務違反があったといっても、何の意味もない。それを何か問題があるかのようにいうのは、漠然と「義務違反」というものをとらえているからではないだろうか。

制度の致命的欠陥

さらに重要であるのは、昭和59年改正法の施行から30年以上の間、国籍選択の催告や日本国籍の喪失宣告が一度もなされていないことである。

たしかに、これらは、法務大臣が「できる」と規定されているだけであるから、実際にそれをしていなかったからといって、問題はないと思われるかもしれない。しかし、一度も実施されたことがないのは、本当は、実施が不可能な制度を設けてしまったからではないだろうか。

たとえば、国籍法3条の違憲判決を受けて、国会で改正法案が審議されていた頃（第3章第3節）、国籍選択の催告がどうなっているのかという質問があり、当時の法務省民事局長（政府参考人）は、次のとおり答弁している（平成20年11月27日参議院法務委員会議録第5号23頁）。

「実は今の〔制度〕下でだれが重国籍者なのかというのをもう把握できないわけでございます。そのような状況の中で、たまたま把握した人に催告をするのがいいのかと。もちろん、催告を受ける側は追い詰められるわけですから、どっちかを選択しなければならない、それが本当にいいのかという問題はございます。……今のところはそういったもろもろの事情を考えて催告をしないということにしております」。

「国籍選択については、……本人のみならず、その親族等関係者の身分関係及び生活等に極めて重大な影響を及ぼすということがございますので、慎重に対処する必要があると考えておりまして、本人の自発的な意思による選択がされるよう制度の周知と啓発に努めているわけでございます」。

ここでは、本人や家族への重大な影響も挙げられているが、むしろ本音は、誰が「外国の国籍を有する日本国民」であるのか、誰が国籍法14条1項により国籍選択の義務を負っているのかを把握できず、「たまたま把握した人」にだけ催告するのは不公平だから、催告をしないのだろう。

しかし、国が把握できないのに、「本人の自発的な意思」に任せるというのも、無責任である。前述のとおり、出生による重国籍だけをみても、その出生当時の外国の国籍法を正確に調べなければ、本当に重国籍になっているのかどうかは、分からないのである。

さらに改正国籍法の施行後にも、国籍選択の催告について質問があったが、同じ民事局長は、微妙に答弁を変えている（平成21年4月17日衆議院法務委員会議録第6号4頁。同旨、平成21年5月12日衆議院法務委員会議録第10号6頁）。すなわち、本人や家族に重大な影響を及ぼすこと、および本人の自発的な意思に任せることは、そのまま繰り返しているが、「将来的に重国籍の弊害が現実化し、我が国の国益が著しく損なわれる、そのような具体的なケースが生じた場合には催告の必要性を検討しなければならない、これも真摯に考えております」というのである。

前年に本音を吐露したことに対し、省内に批判があったのかもしれない。しかし、「重国籍の弊害」が現実化し、「国益が損なわれた」というのは、客観的に判断することができるものなのだろうか。また法務省は、そのような判断をした場合に、誰に対し国籍選択の催告をするのだろうか。重国籍者をすべて把握することは不可能であるから、弊害があると思われる者にだけ催告するのだろうか。

このように曖昧な基準によって、催告を実施したならば、それだけで憲法違反の疑いが生じることになるだろう。なぜなら、それは、恣意的な国籍剥奪になりかねないからである。たとえば、「国益が損なわれた」と思った人に催告をしたところ、本人が国籍選択を拒否したために、日本国籍を失ったという扱いをしたとする。そして、不法滞在者として入管法上の刑罰を科して、退去強制処分をしたとする（送還先は、国籍国とは限らない。入管法53条）。しかし、後になって、本当は、外国国籍を有しておらず、重国籍者でないことが判明したら、どれほどの騒ぎが起きるだろうか。

◆重国籍の子どもの就学義務

法務省が国籍選択の催告をしていないことは、上記のとおり、国会の答弁で何度も確認されているが、なかには「催告を受けた」という人がいるようである。しかし、これは、昭和59年の国籍法改正に伴う文部省の通知（昭和59年12月6日文初小第319号通知）から起きた誤解かもしれない。その通知によれば、重国籍の子どもがインターナショナル・スクールに通うなど、他に就学の機会が確保されている場合は、日本の学校への就学義務が免除されることがある。仮にその旨の記載がある就学通知が行われているとしても、国籍法上の国籍選択の催告とは異なる。また、本当にその子どもが重国籍であるのかどうかを、市町村が調査しているとは思えない。国でさえも、「把握できない」と述べているのである。

韓国の教訓

国籍法上の義務を強調し、国籍選択の催告をすべきであると主張する人たちには、「きっと日本国籍を選択するだろう」という思い込みがあるのだろう。

しかし、期限までに国籍選択をしろとか、国籍選択届をした人にも、外国国籍離脱の努力義務を怠ってはならない、と強く言い続けたら、むしろ日本国籍の離脱を促すことになるだろう。

法務省の国籍統計によれば、日本国籍の離脱者数は、過去5年間をみても、2012年262人、2013年380人、2014年603人、2015年518人、2016年613人と増加傾向にある。とくに2016年9月以降の民進党代表の重国籍問題による増加が懸念される。

前述のとおり、日本国籍は、届出だけで容易に離脱することができる。手数料が徴収されることもない。ところが、米国の国籍を離脱するためには、本人が18歳以上であり、かつ領事と二回面談をする必要がある。1回目の面談から30日以上を経過した後に、2回目の面談をして、その際に手数料として、2350ドル（約26万～27万円）を支払わなければならない。他にも国籍の離脱を制限したり、全く認めなかったりする国は珍しくない。

現に、国籍選択の方法として国籍選択届を認めたのは、いずれかの国籍の離脱を強制したら、結果的に日本国籍の離脱を促すことになりかねない、という懸念があったからである（黒木＝細川393頁）。しかし、様々な誤解や事実上の圧力によって、その懸念は、今や現実のものとなりつつある。

まさに韓国の国籍法改正は、そのような経験を踏まえたものであった（奥田ほか・韓国国籍法19頁以下、22頁以下、97頁以下）。

韓国国籍法は、1997年の改正により、父系血統主義から父母両系血統主義に移行したが、その際に、わが国の国籍法を参考にしつつ、より厳格な国籍選択制度を設けた。すなわち、韓国国籍を選択するためには、現実に外国国籍を失うための手続を済ませたことが求められ、これが不可能である場合にのみ、外国国籍放棄覚書をもって代えることができた。また、国籍選択の期間は、兵役義務との関係を除けば、日本の国籍法と同様であったが、期間内に国籍選択をしなかったら、自動的に韓国国籍を失うとされていた。

ところが、この厳格な国籍選択制度は、韓国の人口流出を招いた。現に2006年から2010年までの統計によれば、韓国国籍を選択した者は1171人であったが、韓国国籍を離脱した者は3295人にのぼり、これに加えて、期間内に国籍選択をせずに、韓国国籍を失った者がいるから、人口流出は、相当深刻であると受け止められていた。

そこで、2010年に国籍選択制度が大幅に緩和された。すなわち、国籍選択期間を過ぎた後の自動的国籍喪失は廃止され、代わりに国籍選択命令の制度が設けられて、この命令に従わなかった場合にのみ、韓国国籍を失うとされた。また、国籍選択の期間内であれば、原則として外国国籍不行使誓約をするだけで、韓国国籍の選択届ができるようになった。

これでもまだ、日本の国籍選択制度よりも厳格であるが、わが国でも、国籍法上の義務違反を声高に主張する人たちは、結果的に、日本国籍の離脱を促していることを知るべきである。

第２節　国籍留保

国籍留保のルーツ

一方、国籍留保制度は、戦前の米国で日系移民の排斥運動が激しくなった時に、日本国籍の喪失を容易にしようとして設けられた（江川＝山田＝早田141頁以下）。

すなわち、制定当時の旧国籍法は、国籍離脱を全く認めていなかったが、その結果、米国で生まれた日系移民の子が重国籍になることを理由として、「米国市民としての完全な権利を認めるべきではない」という議論が米国にあった。

そこで、国籍離脱の自由を求める声が上がり、大正５年に旧国籍法が改正された。しかし、国籍離脱には、なお内務大臣の許可を要し、かつ17歳以上の男子は、兵役義務を終えなければ、日本国籍を離脱することができなかった。そのため、「日系移民の子に米国の市民権を与えるべきではない」という主張が米国にまだ残っていた。

そこで再び、大正13年に旧国籍法が改正され、勅令によって指定された生地主義国で生まれた日本人は、日本国籍を留保しなければ、出生の時にさかのぼって国籍を失うことになった。そのような国としては、米国、アルゼンチン、ブラジル、カナダ、チリ、ペルー、メキシコが指定された。

国籍留保の方法は、旧国籍法の施行規則に規定された。それによれば、戸籍法上の出生届の義務者が出生届と同時に国籍留保届をすべきものとされていたから、国籍留保届の期間も、出生届と同様に、子どもの出生から14日以内とされた。ただし、天災など、やむを得ない事情によって届出ができなかった場合には、届出ができるようになった時から、その期間が起算された。

また、日本国籍を留保した者が引き続きこれらの外国に住んでいる場合は、届出のみで日本国籍を離脱できることになった。その他の生地主義国で生まれた者の国籍離脱は、法務総裁の許可を要するとはいえ、兵役義務による制限は、もはや適用されないことになった。

以上のとおり、戦前の国籍留保制度は、人道上の観点から、国籍離脱を補完するために設けられたものであった。すなわち、わが国は、当初は国籍離脱を全く認めず、その後これを例外的に認めることにしたが、当時の交通や通信手段の状況では、離脱許可の申請をすることが困難であった。そこで、法律上当然に国籍を失う制度が考え出されたのである。

◆フジモリ元大統領の国籍

戦前の国籍留保制度にまつわる話としては、後にペルーの大統領となったアルベルト・ケンヤ・フジモリ氏のケースがある（アンダーソン＝奥田・北大法学論集317頁、329頁）。

フジモリ氏は、1938年にペルーのリマ郊外において生まれた。両親は移民一世であり、ペルーには、当時すでに１万8000人の日系移民が住んでいた。父親は、息子の出生をリマの日本大使館に届け、その出生届は熊本県の本籍地に送付された。日本への出生届は、フジモリ氏について国籍留保があったことを示している。なぜなら、戸籍実務では、仮に国籍留保届が同時に行われていなかったとしても、出生届により、国籍留保の意思があったとされるからである。

また、ペルーでは、領土内での出生により（つまり生地主義により）ペルー国民となったことが、大統領の資格要件とされているが（1993年憲法110条）、フジモリ氏については、ペルーの出生証明書に疑念があり、両親が日本を出国する前、または船上で生まれたのではないか、という調査報告書が提出されていた。しかし、日本の出生届および戸籍の記載は、このような疑いをはらす証拠となる。なぜなら、出生地は出生届の記載事項であり、航海中の出生の場合は、航海日誌の謄本が市町村に送付されて、いずれも戸籍に記載されることになっているからである。

国籍留保の拡大

戦後は、重国籍者に対し国籍離脱の自由が認められることになったが（憲法22条2項、国籍法13条）、それにもかかわらず、国籍留保制度は、その適用範囲を拡大し、すべての生地主義国で生まれた子どもを対象とすることになった。

すなわち、外国で生まれて、その国の国籍を取得した日本国民はすべて、日本国籍を留保する意思表示をしなければ、出生の時にさかのぼって国籍を失った（昭和59年改正前国籍法9条）。これは、国籍留保制度の重国籍防止機能が重視されたからである（江川＝山田＝早田144頁）。

国籍留保の方法は、戸籍法に規定された。それによれば、戸籍法上の出生届の義務者が出生届と同時に国籍留保届をすべきものとされていたから、国籍留保届の期間も、出生届と同様に、子どもの出生から14日以内とされた。ただし、天災など、やむを得ない事情によって届出ができなかった場合には、届出ができるようになった時から、その期間が起算された。この点は、旧国籍法の施行規則と同じであった。

さらに、昭和59年の改正により父母両系血統主義を採用したことに伴って、国籍留保の適用範囲は一層拡大され、外国で生まれた子どもは、重国籍となった原因を問わず、国籍留保の対象とされることになった。

「出生により外国の国籍を取得した日本国民で国外で生まれたものは、戸籍法……の定めるところにより日本の国籍を留保する意思を表示しなければ、その出生の時にさかのぼつて日本の国籍を失う」(国籍法12条)。

これによれば、重国籍の原因が生地主義国における出生の場合だけでなく、父母の国際結婚による場合も、外国で生まれた重国籍の子どもは、すべて国籍留保届をしなければ、日本国籍を失うことになる。

同時に戸籍法も改正され、国外出生子については、出生届の期間が3か月以内とされたことに伴って（戸籍法49条1項)、国籍留保の届出期間も3か月以内とされたが、例外的な期間の延長は、届出ができるようになった時から14日以内に留められた（戸籍法104条)。

また、届出期間内に国籍留保届をせず、例外も認められなかった子どもは、出生時にさかのぼって日本国籍を失うが、20歳未満の間に日本に住所を有するようになった場合は、法務大臣への届出により日本国籍を再取得することができるようになった（国籍法17条1項)。

◇国籍留保届の実務

国籍留保届は、届出期間が出生届と同じであるだけでなく、出生届と同時にしなければならない（戸籍法104条2項)。日本の領事館などに備え付けられた出生届の用紙には、あらかじめ国籍留保欄が印刷されており、そこに届出人（父母のいずれか）が署名捺印する（図Ⅱの4)。

昭和59年の国籍法改正前は、届出期間が14日以内とされていたので、期間を過ぎて、例外の適用を求めるケースが多発した。法務省の回答例によれば、期間を過ぎた届出は、治安、交通事情、郵便事情な

図Ⅱの4　国籍留保欄のある出生届の見本

出　生　届

平成 23年 4月 1日届出

在ベルギー日本国 大使 ~~総領事~~ 殿

受理	平成　年　月　日 第　号
送付	平成　年　月　日 第　号

公認印

書類調査	戸籍記載	記載調査	調査票	附票	住民票	通知

(1)	生まれた子	（よみかた）	がいむ　ようこ
		子の氏名	氏 外務　名 マリー陽子
		父母との続き柄	☑嫡出子　□嫡出でない子　（長 □男 ☑女）
(2)		生まれたとき	平成 23年 3月 20日 ☑午前 □午後 2時 54分
(3)		生まれたところ	ベルギー王国 ブリュッセル市 ウックル区 エディットキャベル通り 32 番地 ~~番~~ ~~号~~
(4)		住所	ベルギー王国 ブリュッセル市 ブリュッセル区 デザール通り 58 番地 ~~番~~ ~~号~~
			世帯主の氏名 外務 一郎　世帯主との続き柄 子
(5)	生まれた子の父と母	父母の氏名 生年月日（子が生まれたときの年齢）	父 外務 一郎　昭和 52年 1月 1日（満33歳）
			母 ドゥスメット フランソワーズ　1980年 12月 5日（満29歳）
(6)		本籍及び国籍	東京都千代田区霞が関二丁目 2 ~~番地~~ 番
			筆頭者の氏名 外務 一郎　父の国籍 日本　母の国籍 ベルギー王国
(7)		同居を始めたとき	平成 21年 1月（結婚式をあげたとき、または、同居を始めたときのうち早いほうを書いてください）
(8)		子が生まれたときの世帯のおもな仕事と	□ 1 農業だけまたは農業とその他の仕事を持っている世帯 □ 2 自由業・商工業・サービス業等を個人で経営している世帯 □ 3 企業・個人商店等（官公庁は除く）の常用勤労者世帯で勤め先の従業者数が1人から99人までの世帯（日々または1年未満の契約の雇用者は5） ☑ 4 3にあてはまらない常用勤労者世帯及び会社団体の役員の世帯（日々または1年未満の契約の雇用者は5） □ 5 1から4にあてはまらないその他の仕事をしている者のいる世帯 □ 6 仕事をしている者のいない世帯
(9)		父母の職業	（国勢調査の年…　年…の4月1日から翌年3月31日までに子が生まれたときにだけ書いてください） 父の職業 事務職　母の職業 販売職
	その他		日本国籍を留保する　署名 外務一郎　印 出生証明書を添付する
	届出人		☑1.父 □母　□2.法定代理人（　）　□3.同居者　□4.医師　□5.助産師　□6その他の立会者　□7公設所の長
		住所	ベルギー王国 ブリュッセル市 ブリュッセル区 デザール通り 58 番地 ~~番~~ ~~号~~
		本籍	東京都 千代田区 霞が関 二丁目 2 ~~番地~~ 番　筆頭者の氏名 外務 一郎
		署名	外務 一郎　印　昭和 52年 1月 1日生

事件簿番号	

出典：http://www.be.emb-japan.go.jp/document/shussei_2012_example_jf.pdf

どが悪かった場合、病気によって届出ができなかった場合などは、受理されたが、このような事情があっても、届出期間を大幅に超過した場合、単に国籍留保制度を知らなかった場合などは、不受理とされた(黒木＝細川383頁以下)。これに対して、改正後は、届出期間が3か月以内と長くなったので、例外が認められる範囲は狭くなったという(同書382頁)。

例外が認められたのは、届出期間の末日が日曜と重なったので、翌日に届け出ればよいと勘違いしたケース、産後の肥立ちが悪く退院が遅れたうえ、夫が届出に向かう途中で盗難にあって、出生証明書を紛失し、さらに病院長の死亡により病院が休業したため、出生証明書の再発行が遅れ、重ねて現地で暴動が起きたために、届出ができなかったケース、米国の刑務所に服役中に出産し、出所後に届け出たケース、大使館あてに届書を普通郵便で投函したところ、途中で紛失したことが判明し、普通郵便のため投函の事実を証明できないが、再び届出が郵送されたケース、病院の出生証明書の発行が遅れたケース、病院がSARS発生のため業務を停止し、業務再開後も出生証明書の発行までに時間を要したケースなどがある。しかし、単に国籍留保制度を知らなかったケースだけでなく、本人や家族の病気を理由とするケースでも、例外が認められなくなったから、その意味では、改正前よりも厳しくなったといえる（奥田・国際家族法370頁以下)。

国籍留保の困難

昭和59年の改正の前後を比較すれば、国籍留保の届出期間は、14日から3か月に延長されたし、国籍留保ができなかった者は、一定の条件のもとで、国籍の再取得が認められるようになった（図Ⅱの5)。しかし、生地主義の国で生まれた場合以外にも、国籍留保の対象が拡大されたので、日本国籍を失う者の範囲は、格段に広がったといえる。

このように国籍留保の対象を拡大したのには、二つの理由があった（江川＝山田＝早田144頁以下、黒木＝細川378頁以下)。一つは、わ

図Ⅱの5　国籍再取得届の見本

国　籍　取　得　届

（国籍法第17条第1項）

平成　22年　3月　24日

法　務　大　臣　殿

日本の国籍を取得したいので届出をします。

日本国籍を取得しようとする者				
（よみかた） 氏　名	（氏）スズキ		（名）タロウ	
国　籍	ブラジル	父母との続柄	長	☑男 □女
生年月日	平成5年　10月　7日			
出生場所	ブラジル国サンパウロ州サンパウロ市			
住　所	東京都千代田区平河町○丁目　~~番地~~ 番　○号			

国籍を取得しようとする者の父母				
氏　名	父（氏）鈴　木	（名）一　男	母（氏）鈴　木	（名）春　子
本　籍 外国人の場合は国籍	東京都新宿区新宿 ○丁目○　番地 ~~番~~		左に同じ 番地 番	
	筆頭者の氏名　鈴　木　一　男		筆頭者の氏名	

国籍を取得すべき事由
☑国籍留保の届出をしなかったため日本の国籍を失った。 ☑20歳未満である。 ☑日本に住所を有する。

※国籍取得後の戸籍の編製に必要なため，下欄に書いてください（裏面の注意事項6に注意してください。）。

国籍取得後の名	太　郎
その他	国籍を取得しようとする者が □婚姻をしている。（　年　月　日　と婚姻） □養子縁組をしている。（　年　月　日　と縁組） □認知している。（　年　月　日　を認知） □認知されている（　年　月　日　から認知） □

出典：http://www.moj.go.jp/content/000115751.pdf

が国を含め、父母両系血統主義を採用する国が増え、重国籍となる子どもが増えたからである。もう一つは、外国で生まれた重国籍の子どもは、日本との結びつきが薄いから、積極的に国籍留保をしない限り、このように実効性のない日本国籍は取得させないほうがよいし、留保届をした子どもは、戸籍に記載されるから、国籍留保制度によって、戸籍に記載されない日本国民の発生を防止できる、というのである。

しかし、国籍留保の期間が依然として短いために、本当は日本国籍を保持する意思がある者も、日本国籍を失う危険がある。

たとえば、会社の海外勤務のため、日本人夫婦が揃って、生地主義の国（米国など）に居住している間に、子どもが生まれたケースを考えてみよう。当面は居住国で出生届をするだけであり、後に日本へ戻る際に、旅券が必要となるからといって、日本への出生届をすることになりかねない。しかし、その時には、すでに国籍留保の期間を過ぎているので、出生の時にさかのぼって、日本国籍を失っており、外国で生まれた外国人であるから、出生届が受理されず、もちろん日本の旅券は発給されない。

また、沖縄で日本人女性と結婚した米国人が妻子を残して帰国するように（第1章第2節）、東南アジアなどで現地の女性と結婚した日本人が、同様に妻子を残して帰国するケースが少なくない（1994年12月3日朝日新聞夕刊）。

外国での婚姻も、3か月以内に報告的届出をする義務があるが（戸籍法41条）、こちらは、届出期間を経過した後も受理される（戸籍法46条）。ところが、子どもは、3か月以内に国籍留保がなかったことにより、出生の時にさかのぼって、日本国籍を失っており、もはや出生届は受理されない。

◆国籍再取得届の実務

国籍再取得届は、子どもの住所地を管轄する法務局が窓口となる（国籍法施行規則1条2項）。届出の際には、国籍再取得の要件を満たすことの証明書類を添付しなければならないが（同条6項）、とくに住所の証明が問題となることがある。たとえば、国籍再取得届のため、届出人（子どもの親）が書類を持って法務局を訪れたが、「子どもが日本に住所を有すると認めるのは困難だ」といって、届出人をそのまま帰らせてしまったケースがある。その後、国籍確認訴訟を提起したところ、東京地裁は、届出人が書類を担当職員に提示して国籍取得の意思表示を明確にした時点で、書面による届出があったとして、子どもの国籍取得を確認した（平成24年3月23日判決）。

海外勤務中に日本人夫婦から生まれた子どもの場合は、「短期滞在」の在留資格で来日しても、家族揃って生活することが見込まれるから、日本に住所を有すると認定してもらえるだろう。しかし、東南アジアなどで現地の女性と結婚した日本人が妻子を残して帰国した場合などは、その日本人夫＝父親に同居の意思がないことが多いと推測される。「日本人の配偶者等」の在留資格は、婚姻の実態が求められるから（最判平成14年10月17日）、妻子は、「定住者」という例外的な在留資格で来日するしかないだろう。その場合も、誰が身元保証人になるのかという問題があるし、何よりも入管法上の在留資格は、自由裁量による許可にかかっているから、確実にこれを取得できるという保証はない。したがって、「日本に住所を有する」こと自体が困難になることがあるし、在留資格を有する合法的な滞在であっても、住所要件の認定は微妙になることがあるだろう。

そこで、このような子どもたち（母親はフィリピン人）が原告となり、日本国内で生まれた重国籍者との間の不合理な差別であるとして、国籍法12条の合憲性を争った裁判がある。

しかし、最高裁は、この規定が形骸化した日本国籍の防止および重国籍の防止を目的とするのには、合理的な根拠があり、区別の具体的内容についても、国籍取得の有無は子どもの出生時に確定するのが望ましいから、子どもの出生の日から3か月以内とする留保期間には合理性があり、国籍再取得の制度が設けられていることも考慮すれば、立法目的との関連において不合理なものとはいえないとして、合憲と判断した（平成27年3月10日判決）。

この判決理由のうち、重国籍の防止はともかく、形骸化した国籍の防止は、合理的な根拠を有するといえる。しかし、国籍が形骸化しているかどうかを判断するのに、出生から3か月は短すぎる。国籍の形骸化をいうのであれば、少なくとも20歳未満の間は、国籍留保を認めるべきだろう。

それでは、国外で生まれて、わが国に出生届がなされないため、日本国籍の取得が不透明な子どもが増える、という批判が予想される。しかし、日本人夫婦の子どもが血統主義の国で生まれた場合のように、重国籍とならなければ、国籍留保を必要としない。外国国籍を取得したことの一事をもって、出生から3か月で国籍の形骸化を判断するのは、早計に失する（奥田・国際家族法373頁）。

◆国籍喪失の遡及

さらに問題であるのは、国籍留保期間を過ぎた場合の国籍喪失を、出生の時にさかのぼらせることである。その結果、子どもは、外国で生まれた外国人として、出生届が受理されず、日本人親の戸籍に全く記載されない。たとえば、その日本人親が亡くなり、相続が開始しても、戸籍の記載からは、子どもの存在が明らかとならないのである。これは、日本人の身分関係の公証という戸籍の役割からみたら、望ましいとは思えない。

あるいは、日本政府が外交的保護権を行使すべき対象となる日本国民を把握できないことを、不都合と考えたのかもしれない。しかし、後述（本章第6節）のとおり、外交的保護権は、国籍の実効性を要件とするから、出生届（および国籍留保届）が出されておらず、日本政府が把握していないような者は、最初から外交的保護権を行使する対象とはならないだろう。

そうであれば、むしろ国籍留保の期間を20歳未満とし、その期間を過ぎて、日本国籍を失うとしても、国籍喪失を出生の時にさかのぼらせないことにより、出生届だけは受理して、子どもの存在を戸籍に記載するほうが得策であるように思われる。この場合には、20歳になった時点における国籍喪失も、戸籍に記載されることになる。

第３節　帰化とは何か

日本に帰化する外国人

法務省の統計によれば、日本に帰化する外国人の数は、最近20年間をみても、多い年で2003年の１万7633人、少ない年は2013年の8646人、おおむね１万人前後である（図Ⅱの6）。

大部分は、韓国・朝鮮および中国となっているが、おそらく戦前に朝鮮と台湾が日本の領土であった頃に、日本国民として内地に移住し、終戦により日本国籍を失った後も留まり続けた「在日一世」およびその子孫（最近では「オールドカマー」ともいわれる）であると推測される。

わが国の帰化実務では、弁護士や行政書士を代理人とした場合も、本人が何度も出頭を求められるが、法務局の受付時間内に仕事を休むことができる人は、それほど多くないだろう。また後述のとおり、重国籍防止条件があり、原則として外国国籍を失うことが求められる。これは、日本への帰化をためらわせる大きな要因となっている。

不許可の件数がおおむね５パーセント未満と少ないのは、実務上、入念な事前審査が行われ、許可の見込みがない者は、その段階で申請を断念させられるからである。たとえば、ある新聞報道は、次のとおり、オールドカマーの声を紹介する（2001年１月９日朝日新聞朝刊）。

1990年代以降、不許可件数は減っているが、「相談時に申請をあきらめさせられる例も多いといわれる。また、膨大な書類を提出し私生活をさらけ出す帰化手続きは、煩雑なことに変わりない」。

「運転記録証明書、卒業証書、源泉徴収票や確定申告書、家族スナップや自宅の写真、『善良な国民となることを誓います』とある宣

図Ⅱの6　帰化件数の推移

事項 年	帰化許可申請者数	帰化許可者数				帰化不許可者数
		合計	韓国・朝鮮	中国	その他	
平成9年	16164	15061	9678	4729	654	90
平成10年	17486	14779	9561	4637	581	108
平成11年	17067	16120	10059	5335	726	202
平成12年	14936	15812	9842	5245	725	215
平成13年	13442	15291	10295	4377	619	130
平成14年	13344	14339	9188	4442	709	107
平成15年	15666	17633	11778	4722	1133	150
平成16年	16790	16336	11031	4122	1183	148
平成17年	14666	15251	9689	4427	1135	166
平成18年	15340	14108	8531	4347	1230	255
平成19年	16107	14680	8546	4740	1394	260
平成20年	15440	13218	7412	4322	1484	269
平成21年	14878	14785	7637	5392	1756	201
平成22年	13391	13072	6668	4816	1588	234
平成23年	11008	10359	5656	3259	1444	279
平成24年	9940	10622	5581	3598	1443	457
平成25年	10119	8646	4331	2845	1470	332
平成26年	11337	9277	4744	3060	1473	509
平成27年	12442	9469	5247	2813	1409	603
平成28年	11477	9554	5434	2626	1494	607

出典：http://www.moj.go.jp/content/001180510.pdf

誓書……。ひと月の食費や借金・預金額を記した生計概要書まで必要だ。面接の際には、恋人の有無や離婚の経緯を聞かれることもあるという」。

「国籍法では、(1) 引き続き5年以上日本に住所がある（日本生まれや日本人の配偶者は、3年以上などに緩和）(2) 素行が善良 (3) 自身や家族らによって生計を営める、などの条件を定める」。

「だが、それ以上の具体的な基準は明らかにされず、最終的な許可は法務大臣の裁量に委ねられ、不透明さがつきまとう」。

「ある帰化経験者は『まな板のコイの気分だった』と話していた」。

著名な外国人が日本に帰化したら、メディアで大きく報じられる。かつては、大相撲の小錦関が大関から陥落し、引退の危機に晒されていたが、年寄襲名のためには、相撲協会の規則により日本国籍が必要とされていたので、帰化の許可に時間がかかることが注目された（1994年１月25日朝日新聞夕刊など）。

最近では、コロンビア大学名誉教授で日本文学研究者のドナルド・キーン氏が、東日本大震災を機に、日本への帰化を決意したことが記憶に新しい（2012年３月９日朝日新聞朝刊など）。

しかし、普通の人が帰化を決意し、許可を得るまでの大変さが取り上げられることは、きわめて稀である。それでも本人や家族にとっては、大事件なのである。

◆帰化は差別用語？

メディアの取材を受ける際に、しばしば困るのは、「帰化という言葉を使わないでほしい」といわれることである。とくに新聞記事の場合は、そうである。しかし、そのような記事では、単に「国籍取得」と書かれるだけであるから、一般の読者には、それが出生によるのか、届出によるのか、帰化によるのか、という違いが重要であることを理解してもらえないだろう。

そもそも「帰化」を差別用語と考えるのは、後述のとおり、歴史的に、帰化が日本から氏姓を賜る、という服従の意味を有していたからだろう。しかし、現行の国籍法上は、法務大臣の許可による新たな国籍取得にすぎない。それならば、「許可による国籍取得」という用語を作り出してもよいのだが、国籍法と異なる造語をするのは、かえって混乱を招く。そこで、本書では、「帰化」という用語をそのまま使うことにした。ちなみに、諸外国でも、<naturalization> という用語（あるいは、これに相当する各国言語）が使われ、出生による国籍取得とは区別されている。

法務大臣の許可

小錦関は、10 年以上も日本に住んでいたし、日本人女性と結婚したうえ、日本の相撲界で活躍したのだから、簡単に帰化できると思うかもしれない。しかし、他方で、在日の朝鮮人や台湾人が、生まれた時から日本に住んでいるのに帰化できない、という話を聞くことがある。

すなわち、帰化は、一定期間以上、日本に住んでいることなどの条件を満たせば、必ず認められるとは限らないのである。

そもそも日本の帰化制度は、法務大臣の許可を要する裁量帰化である（国籍法４条２項）。国籍法５条以下が定めているのは、法務大臣が帰化を許可する「条件」であって、帰化の「要件」ではない。帰化の要件は、あくまでも法務大臣の許可である。

出生による国籍の取得と帰化による国籍の取得は、どちらも「国籍の取得」だから同じと思うかもしれないが、前者は、法律上当然の国籍取得であるのに対し、後者は、法務大臣の許可という行政処分があって初めて認められる国籍取得である。

もっとも、「帰化」という言葉は、一般には、もっと広い意味で使われることがある。そのような例を二つだけ挙げておこう（吉田・民事月報 28 頁以下）。

たとえば、英国人のラフカディオ・ハーン（小泉八雲）は、明治 23 年に来日した後、日本人女性と結婚して、明治 28 年に「帰化」したとされる。しかし、明治 32 年の旧国籍法までは、まだ帰化に関する法律がなかった。

ただし、明治６年の太政官布告第 103 号「外国人民ト婚姻差許条規」は、日本人女性が外国人男性を婿養子にする際に、日本政府の許可が必要であるとしたうえで、この外国人は日本国籍を取得すると規定していた。したがって、八雲の婿入りには、日本政府の許可が必要であったが、日本国籍は、帰化ではなく、法律上当然に取得したものだったと考えられる。

◆外国人民ト婚姻差許条規

前述（第１章第２節）のとおり、わが国初めての国籍立法は、明治６年の太政官布告第103号「外国人民ト婚姻差許条規」であった。これは、日本人が外国人と結婚する場合や、日本人女性が外国人男性を婿養子とする場合などに、日本政府の「允許」（許可）を受けるべきことを規定するだけでなく、外国人男性と結婚した日本人女性の日本国籍喪失、日本人男性と結婚した外国人女性や日本人の婿養子になった外国人男性の日本国籍取得も規定していた。この布告は、明治31年の「外国人ヲ養子又ハ入夫ト為スノ法律」によって廃止されたが、結婚や養子縁組による国籍の取得や喪失は、明治32年の旧国籍法に取り入れられた。

同じく英国人のウィリアム・アダムズ（三浦按針）は、慶長５年、日本に漂着した後、徳川家康から土地・屋敷をもらって、「帰化」したとされる。しかし、その頃に、現在のような意味での帰化があるはずがない。

むしろ「三浦按針」という日本名を与えられたことが、帰化したといわれるゆえんであろう。古代から、わが国で帰化といえば、日本から氏姓を賜ることであり、いわゆる朝鮮・中国からの「帰化人」という場合には、このような意味であった。

これに対して、現在の国籍法では、帰化とは、法務大臣の許可による日本国籍の取得を意味する。すなわち、外国人に帰化の権利が与えられているわけではない。このような観点から、もう一度、国籍法の帰化の条文を眺めてみよう。

それらは、法務大臣が帰化を許可する条件に応じて、普通帰化・簡易帰化・大帰化に分類できる。以下では、最も基本である普通帰化を説明した後、日本人と結婚した外国人などの簡易帰化、さらには大帰化を説明したい。

普通帰化

一般の外国人を対象とする「普通帰化」の許可条件としては、居住条件・能力条件・生計条件・素行条件・重国籍防止条件・憲法遵守条件の六つがある。

居住条件とは、「引き続き5年以上日本に住所を有すること」である（国籍法5条1項1号)。入管法上の在留資格を有し、合法的に滞在しているだけでなく、実際上も生活の本拠を日本に置いていることが必要である。再入国許可を得て出国し、その期間内に戻ってくれば、在留資格は残るが、頻繁に出入国を繰り返している場合は、住所ではなく居所にすぎないと判断される可能性がある。

能力条件とは、「20歳以上で本国法によつて行為能力を有すること」である（国籍法5条1項2号)。日本法上、成年であるだけでなく、現在の本国法上も、成年であることが求められる。ただし、日本よりも高い成年年齢を定めている国は、あまり見当たらない。さらに、成年後見の審判を受けた場合も、行為能力を有しないことになるが、現行の通則法では、被後見人となる者が外国人であっても、成年後見の審判は日本法によるため、本国法による行為無能力といえるのかは、微妙である。

◆外国人に対する成年後見の審判

たしかに、国籍法の制定当時（および昭和59年改正当時）の法例では、禁治産（および成年後見）の原因は、本国法によるとされていた。しかし、現行の通則法によれば、わが国で行われる成年後見の審判は、その原因を含め、日本法によるし（5条)、本国の成年後見の審判の効力は、わが国では効力がないと解される。現に、わが国の後見登記法は、外国の裁判の登記を予定していない。また、成年被後見人の選挙権を認めない公職選挙法の規定を違憲とした平成25年3月14日の東京地裁判決があり、これを受けて、同年の公職選挙法の改正により、成年被後見人にも選挙権が認められるようになった。したがって、後見開始の審判は、民法上の行為能力を制限するだけであり、帰化申請のような行政法上の行為には及ばないと考えられる（奥田・国際家族法520頁）。ただし、帰化実務では、成年後見の審判を受けた者の帰化申請を認めていない可能性がある。

素行条件とは、「素行が善良であること」である（国籍法５条１項３号）。一般的には、普通の日本人と同じような生活をしていれば、あまり問題とならないが、犯罪歴や交通違反歴、税金の滞納歴など、相当広い範囲にわたって調べられる。とくに犯罪歴や税金の滞納歴がある場合は、事前相談において「許可の見込みがない」といわれる可能性が高いようである。

生計条件とは、「自己又は生計を一にする配偶者その他の親族の資産又は技能によつて生計を営むことができること」である（国籍法５条１項４号）。すなわち、本人が生計能力を有しない場合も、生計を同じくする親族が生計能力を有していれば、生計条件を満たす。「生計を同じくする」とは、世帯を同じくする場合だけでなく、親と同居していない学生が仕送りを受けている場合なども含まれる。

重国籍防止条件とは、「国籍を有せず、又は日本の国籍の取得によつてその国籍を失うべきこと」である（国籍法５条１項５号）。これについては、第４節で詳しく説明する。

憲法遵守条件とは、「日本国憲法施行の日以後において、日本国憲法又はその下に成立した政府を暴力で破壊することを企て、若しくは主張し、又はこれを企て、若しくは主張する政党その他の団体を結成し、若しくはこれに加入したことがないこと」である（国籍法５条１

項6号)。これは、国家公務員法38条5号にならったものとされるが(江川=山田=早田105頁)、この条件を満たさない者は、そもそも素行条件を満たさないのではないだろうか。

以上は、法務大臣が帰化を許可する条件である。実務上は、さらに日本語の読み書きの能力が審査される。また帰化が許可された場合は、日本人の戸籍に入籍したり、新戸籍を編製したりするから、虚偽の婚姻届や出生届、認知届、養子縁組届などをしている場合は、無効確認の裁判をして、「身分関係の整序」をしておくことが求められる。夫婦が長年にわたり別居し、婚姻が形骸化している場合は、離婚を求められることもあるようだ。

簡易帰化・大帰化

つぎに、日本人と結婚した外国人や、その他の特別な事情がある外国人については、帰化の許可条件が一部緩和されたり、免除されたりすることがある(国籍法6条～8条)。いわゆる「簡易帰化」である。

たとえば、日本人と結婚した外国人は、3年以上日本に住んでいるか、または結婚から3年以上経っており、かつ1年以上日本に住んでいる場合には、未成年であっても、法務大臣が帰化を許可することができる(国籍法7条)。すなわち、居住条件が緩和され、能力条件が免除される。

それでは、日本人と結婚した小錦関は、この規定のお陰で、帰化が容易になったのであろうか。帰化申請の時点で、すでに30歳に近かった小錦関は、米国法によっても明らかに成年であった。また、すでに10年以上、日本に住んでいたから、居住条件を緩和してもらう必要もなかった。

◆様々な簡易帰化

日本人と結婚した外国人の簡易帰化以外にも、様々な簡易帰化がある(奥田・国際家族法522頁以下)。

国籍法６条は、一定の血縁や地縁があることを理由として、居住条件を緩和する。すなわち、(1) 実親が日本人である者が３年以上「住所又は居所」を有する場合、(2) 日本生まれの外国人が出生から３年以上「住所又は居所」を有する場合、または親子が二代にわたって日本で生まれた場合、(3) 外国人が 10 年以上日本に「居所」を有する場合には、現在日本に住所がある限り、居住条件を満たすとする。

また国籍法８条は、法律上の親子関係などを理由として、居住条件を緩和し、能力条件と生計条件を免除する。すなわち、(1) 実親が日本人である者が現在日本に住所を有する場合、(2) 日本人の養子となった者が１年以上日本に住所を有する場合、(3) 元日本人が現在日本に住所を有する場合、(4) 日本生まれの無国籍者が出生の時から３年以上日本に住所を有する場合には、居住条件を満たすとし、能力条件と生計条件を不要とする。

一方、オールドカマーは、一世を除き、日本生まれであるから、国籍法６条２号に該当し、簡易帰化の対象者であるが、もともと何十年と日本に住んでおり、２年ばかり居住条件を緩和してもらっても、何の意味もない。それどころか、税金の滞納など、素行不良を理由として、事前審査の段階で申請を諦めさせられる者が大勢いるようである。

「簡易帰化」という言葉に惑わされてはならない。それは、法務大臣が帰化を許可する最低条件を緩和するだけである。裁量権を緩やかに行使するとか、審査を緩やかにする、というような幻想を抱くべきではない。そもそも外国人は、わが国の国籍法上、帰化を請求する権利を有しない。実際のところ、簡易帰化の対象者が容易に帰化できるという法的根拠は、どこにも見当たらない。

最後に、日本に特別の功労のある外国人について、普通帰化の許可条件を完全に免除し（日本における住所さえも問わず）、法務大臣が国会の承認を得て帰化を許可することができる「大帰化」がある（国籍法９条)。この大帰化は、旧国籍法にも規定され、旧民法や旧刑法などの起草に尽力したボアソナードを念頭に置いて設けられたとされている（戸籍280号31頁)。しかし、大帰化が認められた例は、今のところ見当たらない。

国籍確認に代わる帰化申請？

筆者が意見書を提出した国籍確認訴訟において、被告の国側は、ほとんど必ずといってよいほど、帰化の制度があることを理由として、生来的な国籍取得や届出による国籍取得を認めなくても、代替的な救済手段があると主張してきた。

これに対して、筆者は、法務大臣の許可を要件とする帰化と法律上当然の国籍取得との本質的な違いを何度も主張した（奥田・裁判意見書集64頁以下、101頁以下、251頁以下、奥田・国籍法と国際親子法201頁以下)。また、後述（第３章第２節）の国籍法違憲判決も、「帰化は法務大臣の裁量行為であり、〔国籍法８条１号〕所定の条件を満たす者であっても当然に日本国籍を取得するわけではないから、これを届出による日本国籍の取得に代わるものとみる」ことはできない、と明言している（最大判平成20年６月４日)。

一つ象徴的な例を紹介しておきたい（奥田･裁判意見書集319頁以下)。

ある日本人女性が戦前に台湾人男性と結婚し、戦後に日本国籍を失った、という扱いを受けていた事件がある。前述（第１章第６節）のとおり、戦前は、台湾人も日本国民とされたが、戸籍により内地人と区別されていた。そして、内地人女は、台湾人男との婚姻により、内地戸籍から台湾戸籍に移り、戦後は、サンフランシスコ講和条約の発効により日本国籍を失うとされていた。

しかし、本件の婚姻は、台湾で成立したものとして、台湾戸籍に記載されていた。当時の中華民国法では、「公開の儀式」が婚姻の要件とされ、台湾戸籍に婚姻の記載があっても、儀式が欠けている場合は、婚姻が成立しない。すなわち、家族法は、台湾独自の法が適用されていたのである。

◇儀式婚と登記婚

中華民国の民法親族編が1930年に制定された当時は、公開の儀式が婚姻の方式要件とされていた。すなわち、婚姻は、「公開の儀式および二人以上の証人」により成立するとされていた（民法982条1項）。さらに、婚姻登記をした場合は、婚姻が成立したものと推定されていたが（同条2項）、この推定は、「公開の儀式および二人以上の証人」という要件が具備されていなかったことを証明すれば、覆すことができた。

ここで重要であるのは、単に儀式をしたというだけでなく、それが第三者にも見える状態で行われたことである。すなわち、儀式がなされた場所がどこであれ、儀式に招待された者以外の第三者にとっても、現に婚姻の儀式が行われていると分かるような状況が必要とされる。

たとえば、わが国の中国残留孤児に関する判例では、料理店での婚礼の様子が周りのテーブルで食事をしている人たちにも良く分かる状態であったこと、自宅の場合も、「喜」の字を二つ書いた赤い紙が家の扉に張られ、婚礼の儀であることが表示されていたり、近所の子どもたちが見に来たりしていたことが認定されている（奥田・家族と国籍有斐閣版178頁以下）。

ところが、本件では、自宅での結婚式に出席したのは血縁者だけであり、外部からは全く分からない状態で、単なる食事会が開かれたにすぎなかった。そのため、「公開」の儀式であることが否定されたのである。

ちなみに、この規定は、2007年に改正され、現在は、書面および二人以上の証人の署名ならびに婚姻登記が要件とされている。したがって、改正法の施行前と施行後で、婚姻の方式要件が異なることに注意を要する。

本件を受任した弁護士は、当初は、サンフランシスコ講和条約の発効による国籍喪失を争って、国籍確認訴訟を提起したが、弁護士から相談を受けた筆者は、むしろ婚姻無効確認訴訟を提起することを薦め、国籍確認訴訟を取り下げてもらった。

さて、さいたま家裁に係属した婚姻無効確認訴訟について、筆者は、意見書を提出し、法廷に証人として呼ばれたのであるが、証言を終えて、原告の本人尋問が始まると、裁判官は、「なぜ原告は帰化をしないのですか」と言い出したのである。筆者は、その場ですぐに発言の許可を求め、帰化がいかに難しいのかを説明した後、弁護士から経緯を聞いて、次のような追加の意見書を提出した。

「原告は、帰化申請をするため、昭和50年頃から、何度も東京法務局へ事前相談に赴いたが、要求された書類を揃えることができず、帰化申請に至らなかった。そして、平成13年頃に越谷法務局へ相談に行ったのを最後に、帰化申請を諦めてしまった。原告の陳述書によれば、『揃える書類が多すぎるし、何度足を運んでもらちがあかなかったこと、自分の生計を立てるのに必死だったので、何度も仕事を休まなければならないようでは二女の家計がなりたたないこと、悪いことさえしなければ私が日本にいられなくなることはないだろうと考えたこと』がその理由とされている。原告の現在の身体的状況からみても、改めて単独で帰化申請の書類を揃えることは不可能であり、原告の面倒をみている二女も、自身の仕事のため、平日に内外様々な役所を訪問する必要のある書類集めを手伝える状況ではない」。

それでは、なぜ自分の国籍確認を求めたのかといえば、それは、息子たちのためであった。長女はすでに死亡していたが、二女と三女は、日本人との結婚を機に、帰化の申請をし、いずれも許可されていた。ところが、長男と二男は、帰化するに至っていなかった。とくに長男は、定職に就いておらず、収入が乏しいこと、二度にわたり刑事事件で有罪判決を受けていることなどから、生計条件と素行条件を満たさないことは明らかであった。

原告は、自分が日本国籍を失っていないことになったら、当然に息子たちは、帰化をしなくても日本人になれる、と思い込んでいたようであるが、息子たちが生まれた当時、わが国の国籍法は、まだ父系血統主義を採用していたから、その意味でも、婚姻無効確認は、原告の希望をかなえる結果となった。さいたま家裁は、筆者の意見書を踏まえて、婚姻無効確認判決を下し（平成19年２月27日判決）、戸籍上も、母子が揃って日本国民として記載された。

しかし、筆者は、帰化に対する誤解が今後も続くのではないか、と疑心暗鬼を募らせている。

第４節　帰化における重国籍防止条件

ガントレット事件

前述のとおり、帰化の許可には、重国籍防止条件がある。すなわち、帰化申請者が「国籍を有せず、又は日本の国籍の取得によつてその国籍を失うべきこと」が帰化を許可する条件とされている（国籍法５条１項５号）。

しかし、本当に外国の国籍を失うのかは、その外国の国籍法を調べなければならないし、その国籍法の内容いかんによっては、国籍の喪失が認められないこともある。このような例を二つ挙げておこう（溜池・法学論叢１頁以下）。

一つは、最高裁まで争われた「ガントレット事件」である。

ガントレットは、明治39年に、日本で英国人の子どもとして生まれ、英国国籍を取得した。しかし、第二次世界大戦が勃発し、日本と英国が戦争状態にあった昭和17年５月頃、内務大臣に帰化を申請し、翌18年２月６日、帰化が許可された。

この帰化の審査にあたっては、英国の1914年国籍法により、外国に帰化した者は、自動的に英国国民でなくなるから、ガントレットは、当時の旧国籍法における重国籍防止条件を満たしている、と判断されたようである。

ところが、英国裁判所の1903年の判決によれば、英国国民は、「敵国」に帰化することによって、英国国籍を失うことはできないとされており、この判決は、1914年国籍法が施行された後も、判例法として認められていた。そして、ガントレットが帰化を申請した1942年（昭和17年）頃、日本と英国は戦争状態にあった。

そこで、ガントレットは、英国国籍を失っていなかったから、帰化の許可は、旧国籍法に違反しており、無効であるとして、日本国籍の不存在確認の訴えを提起したのである。

東京地裁では敗訴、東京高裁では勝訴であったが、最高裁大法廷は、「その違法が重大且つ明白である場合の外は、これを法律上当然無効となすべきではない」として、事件を東京高裁に差し戻した（昭和31年７月18日判決）。この判決は、重国籍防止条件に違反する帰化の許可を違法としながら、外国の判例まで調べることが困難であることに配慮したものであった。

しかし、本来は、重国籍防止条件を満たさないから、帰化は、許可されるべきではなかったのである。ガントレット自身は、日本政府の脅迫によって帰化させられたと主張していたから、この事件についていえば、帰化できなかったほうが良かったのだろうが……。

王京香事件

もう一つは、日本人女性が中国人男性との結婚によって、一旦は日本国籍を失ったが、その後離婚したのに、日本に帰化できなかった例である。

もともと日本人として生まれた小森ふじ子は、昭和24年１月13日に、大陸出身の中国人・王金山と結婚して、中国人の「王京香」となった。当時は、まだ旧国籍法が施行されており、外国人の妻となった日本人女性は、原則として、日本の国籍を失った。また、当時の中華民国の国籍法では、中国人の妻になった他国の女性は、原則として、中国国籍を取得するとされていた。

◆結婚による国籍の取得と喪失

明治32年制定当時の旧国籍法では、外国人男性と結婚した日本人女性は、無条件に日本国籍を失った。しかし、その女性は、必ずしも夫の国籍を取得するとは限らず、無国籍となるおそれがあった。そこで、大正5年の改正によって、外国人夫の国籍を取得することを条件に加えた。一方、中華民国の国籍法では、中国人の妻となった外国人女性は、従来の国籍の喪失を条件として、中国国籍を取得するとされていた。その結果、小森ふじ子（王京香）は、日本国籍を失ったのである。

昭和27年、王京香は、離婚訴訟を提起したところ、当時の法例16条は、離婚の準拠法を夫の本国法としていた。しかし、王金山の本籍地である中国吉林省は、すでに中華人民共和国政府の支配圏に入っていたから、夫の本国法は中華人民共和国法であるとされ、同法によって、離婚の請求が認められた（京都地判昭和31年7月7日）。すなわち、日中国交回復前であったが、離婚については、未承認であった中華人民共和国政府の法律が適用されたのである（第1章第6節）。

ところで、昭和25年6月まで施行されていた旧国籍法では、このように外国人との結婚によって日本国籍を失った者が、離婚後に内務大臣の許可によって、日本国籍を回復する場合には、従来の国籍の喪失が要件とされていなかったが、現行の国籍法では、元日本人が日本国籍を取り戻すためには、帰化によるしかなかった。たしかに、それは、簡易帰化とされているが（本章第3節）、重国籍防止条件があるから、王京香は、まず中国国籍を失わなければならなかった。

しかし、重国籍防止条件を満たすために、「外国国籍の喪失」があったといえるのかどうかは、その当時に日本政府が承認していた中華民国政府の国籍法によるとされたのである。それによれば、他国に帰化する者であっても、政府の許可を得なければ、国籍を喪失することができなかった（第１章第６節）。

そこで、王京香は、駐日中華民国総領事館に国籍喪失の許可を申請したところ、離婚判決において、中華人民共和国法が適用されたから、離婚は無効とされ、国籍の喪失は許可されなかった。その結果、中国人夫と離婚したにもかかわらず、再び日本国民となる途が閉ざされてしまったのである。

重国籍防止条件の緩和

以上のように厳格な重国籍防止条件は、特別な事情がある者にも帰化の途を閉ざすものとして批判されていた。そこで、昭和59年の国籍法改正では、重国籍防止条件を緩和する規定が設けられた（国籍法５条２項）。

「法務大臣は、外国人がその意思にかかわらずその国籍を失うことができない場合において、日本国民との親族関係又は境遇につき特別の事情があると認めるときは、その者が前項第５号に掲げる条件を備えないときでも、帰化を許可することができる」。

たとえば、小錦関のように日本人と結婚した外国人、王京香のように日本人として生まれた者、難民など国籍離脱の手続を取ることが事実上不可能な者は、これに当たるだろう。しかし、どの程度の親族関係があればよいのか、またそれ以外の特別な事情とは何か、というような具体的な基準は明らかでなく、ケース・バイ・ケースで判断されることになる。

それでは、重国籍防止条件の緩和によって、すべての問題が解決されたのだろうか。否、むしろ新たな問題が発生し、従来からの問題が解決されないままに残った。

第１に、重国籍防止条件は、「外国人がその意思にかかわらずその国籍を失うことができない場合」にのみ免除されるから、本当に現在の国籍を失うことができないのかどうかを調べなければならない。

この点について、本国の証明書を提出できればよいが、そうでなければ、「ガントレット事件」のように、外国の判例まで調べる必要が出てくるかもしれない。そして、あくまでも立証責任は、帰化申請者が負っているから、これを証明できなければ、帰化申請そのものができないことになる。

第２に、たしかに従来は帰化を申請できなかった者が、救済されることになったが、逆に従来の国籍を失う者との間に、不公平な結果が生じることになった。

たとえば、日本への帰化によって、自動的に国籍を失う者、日本への帰化を条件として、事前に国籍離脱の許可を得ることができる者は、従来の国籍を失うのに対し、全く国籍を離脱できない者（年齢や兵役義務を理由として、制限を設ける国は多い）、日本に帰化した後でなければ、国籍離脱の許可を得ることができない者は、従来の国籍を失わないで済む。

しかも、これらの者は、日本に帰化した後に、従来の国籍を離脱できるようになっても（たとえば、兵役義務を終えたり、事後的な許可を得ることができたりする場合など）、強制的に国籍の離脱を求められることはなく、前述（本章第１節）の国籍選択制度の適用を受けるだけである。これに対して、事前に国籍離脱の許可を得ることができる者は、必ずこの手続を済ませた後でなければ、帰化を申請できない。

さらに、事前に国籍を離脱した者の日本への帰化が不許可になった場合には、この者は無国籍になってしまう。改めて元の本国へ帰化を申請せざるを得ない。すなわち、重国籍の防止を強調するあまりに、無国籍を発生させているのである。

日本人になりきる？

そもそも、外国旅行が困難であった昔ならともかく、交通手段が発達した現在では、日本に帰化した者も、頻繁にかつての本国へ戻るであろう。しかるに、彼らは、かつての本国で外国人として扱われることになる。日本に帰化するために、従来の国籍を失ったからである。彼らが元の本国に戻るのに、このような不自由を感じても、重国籍は防止されるべきものなのであろうか。

とくに日本人と結婚した外国人にとっては、お互いが相手の国籍を取得して、かつ従来の国籍も維持することが、夫婦平等の観点からも望ましい。また、子どもは、父母両系血統主義により両方の国籍を取得するから、国際結婚をした夫婦が日本に住む場合、家族のなかで外国人親だけが日本国籍を持っていないのは、異様にも感じられる。したがって、少なくとも日本人と結婚した外国人については、重国籍防止条件を完全に免除してもよいと思われる。

もちろん、これは日本人と結婚した外国人に対し、自動的な国籍取得を認めるべきだ、と主張するものではない。出生による国籍取得と異なり、結婚による国籍取得は、本人の意思に任せるべきだろう。しかし、家族関係の実態を考慮すれば、従来の国籍喪失を帰化の許可条件とするのは、行き過ぎである。

一方で、「日本に帰化する外国人は、日本人になりきるために、外国国籍を失うのは当然だ」と思う人がいるかもしれない。しかし、「日本人になりきる」とは、どういう意味なのだろうか。

日本に帰化したからといって、外見が日本人のようになるわけではない。言葉も、外国で長期滞在をした人なら誰でも分かるように、大人になってからの外国語の習得は、多くの人にとって至難の業であり、読み書きや会話がネイティブと全く同じになるのは、いくら努力をしても不可能である。

1997年の欧州国籍条約が規定するとおり、「国籍」とは、人の種族的出身を示すものではない（第１章第５節）。「日本人になりきるべきだ」と主張する人たちは、国籍と種族や民族を混同している疑いがある。ちなみに、種族や民族としての「日本人」というのも、きわめて曖昧であり、「単一民族国家」の神話に執着するものではないのだろうか（2017年１月３日朝日新聞朝刊）。

第5節　外国への帰化と日本国籍の喪失

ノーベル賞学者は日本人でなかった

シカゴ大学名誉教授の南部陽一郎氏は、2008年にノーベル物理学賞を授与された際に、最初は「日本人ノーベル賞学者」として報じられたが、実は1970年に米国に帰化しており、日本国籍を失っていたことが判明して、外国への帰化による国籍喪失に注目が集まった。

わが国の国籍法では、日本人が自己の志望によって外国の国籍を取得したときは、日本の国籍を失うとされている（11条1項）。米国への帰化は、日本からみれば、自分の意思、つまり「自己の志望」による外国国籍の取得であるから、自動的に日本国籍を失う。

これは、一般に自ら進んで外国国籍を取得した者は、日本国籍を離脱する意思があったと推測されるからである。ただし、実際にそのような意思がなくても、日本国籍の喪失は免れない（江川＝山田＝早田131頁）。

南部氏本人は、米国に帰化した理由を直接的には述べていないが、日本に戻らなかった理由については、米国の大学における研究環境の良さを挙げている（2008年10月8日朝日新聞夕刊）。おそらくは、研究予算の獲得などの面において、米国国籍の必要があったのだろう。

その後、カリフォルニア大学教授の中村修二氏も、米国への帰化により日本国籍を失ったが、2014年に同じくノーベル物理学賞を授与された際に、帰化の理由を問われ、次のように答えている（2014年10月18日朝日新聞朝刊）。

「米国の大学教授の仕事は研究費を集めること。私のところは年間1億円くらいかかる。その研究費の半分は軍から来る。軍の研究費は機密だから米国人でないともらえない。米国で教授として生きるなら、国籍を得ないといけない」。

ノーベル賞学者でなくても、活躍の場を海外に求め、仕事の必要から外国に帰化して、日本国籍を失う人はいるだろう。逆に日本国籍を失うことを恐れて、不利な条件のまま外国での生活を余儀なくされたり、あるいは、日本に留まってしまう人がいたりするかもしれない。日本国籍の喪失は、日本人が海外で活躍する機会を奪っている可能性がある。

また一旦、外国に帰化して、日本国籍を失ってしまったら、日本に戻ってくることは、少なからず困難となる。それは、日本の頭脳が流出したままになることを、促しているのではないだろうか。前述（本章第３節）のような帰化の現状をみれば、日本国籍を再取得するために、帰化申請をすればよいとは簡単にいえないだろう。

外国人と結婚した日本人

それでは、外国人と結婚した日本人が、何らかの理由で、外国人配偶者の本国の国籍を取得したら、日本国籍は、どうなるのだろうか。

まず、この日本人が外国人配偶者の本国に帰化した場合は、自動的に日本国籍を失う。前述のとおり、外国への帰化は、「自己の志望」による外国国籍の取得となるからである。

「自己の志望」による外国国籍の取得は、帰化に限らない。法務省の回答例では、セイロン（現・スリランカ）の男性と結婚した日本人女性がセイロン法によりセイロン国民としての登録を申請して認められたケース、インドネシア人男性と結婚した日本人女性がインドネシア法によりインドネシア国籍取得の意思表示をして同国の国籍を取得したケース、韓国人男性と結婚した日本人女性が当時の韓国法により自動的に韓国国籍を取得したが、６か月以内に日本国籍を離脱しなかったので、一旦は韓国国籍を失い、その後再び韓国国籍の回復の許可を得たケースなどがあり、いずれも「自己の志望」による外国国籍の取得であるから、日本国籍を失ったとされている（江川＝山田＝早田 134 頁以下）。

一方、わが国の旧国籍法のように、その国の国民との婚姻などにより、自動的に外国国籍を取得した場合は、もちろん「自己の志望」によるものではないから、日本国籍は消滅しない。さらに、法務省の回答例では、フランス人男性と結婚した日本人女性が婚姻に先立ち、フランス当局からの質問に答えて、フランス国籍の取得を拒否しないという意思表示をして、フランス国籍を取得したケース、ギリシア人男性と結婚した日本人女性が婚姻前に反対の意思表示をしなかったため、ギリシア国籍を取得したケースがあり、いずれも日本国籍を失わないとされている（同書 135 頁）。

このように「自己の志望」によらない外国国籍の取得の結果、二重国籍になった日本人は、前述（本章第１節）の国籍選択制度の適用を受けるだけであり、その後離婚した場合などに、外国国籍の離脱が可能とされていても、それを強制されるわけではない。

これに対して、「自己の志望」による外国国籍取得の結果、日本国籍を失った者は、たとえ戸籍の記載が残っていても、もはや日本国民ではないから、除籍されるべきである。そのため、本人や家族は、国籍の喪失を知った時から、１か月以内に国籍喪失届をする義務があり（戸籍法 103 条）、日本の官庁なども、遅滞なく国籍喪失の報告をする義務がある（戸籍法 105 条）。

いずれにせよ、「自己の志望」によるものである限りは、夫や妻の本国の国籍を取得した場合でも、日本国籍の喪失は免れない。しかし、そもそも外国人と結婚した日本人が、夫や妻の本国の国籍を取得したからといって、日本国籍を失わせる必要があるのだろうか。

日本国籍の喪失を知らなかったケース

以上のとおり、外国人と結婚した日本人は、「自己の志望」によって、夫や妻の本国の国籍を取得したら、自動的に日本国籍を失うが、夫や妻の本国のほうは、必ずしも日本国籍の喪失を求めるとは限らない。

そこで、日本国籍を失うとは知らずに、外国国籍を取得してしまうことがある。そのような例を二つ紹介しておこう。

一つは、日本人女性がドイツ人男性と結婚する際に、当時のドイツ国籍法により、ドイツ国籍取得の意思を表明して、申請書に署名したというケースである。当時のドイツは、自国民男性と結婚した外国人女性に対し、届出による国籍取得を認めていた（現在は、簡易帰化を認めるだけである）。

その後、この日本人女性は、ドイツ国籍の取得によって、日本国籍を失ったことを知り、それを知っていれば、ドイツ国籍を取得するつもりはなかったと主張して、先のドイツ国籍取得申請の取消しを求めた。これに対し、ドイツ当局は、申請の取消しは認められないが、日本国籍を再取得できるのであれば、ドイツ国籍を離脱できると回答した。

そこで、ドイツに居住したままで、日本国籍を再取得できるかどうかについて、日本の領事館に問い合わせたが、本省経由で法務省に照会がなされ、この日本人女性は、すでに日本国籍を失っているから、除籍されるべきであり、日本国籍を再取得したい場合には、日本に住所を設定したうえで、帰化を申請するしかない、という回答を受け取ったのである（昭和44年4月22日民事甲第877号回答）。

もう一つは、国際結婚ではないが、日本人の子どもが米国人夫婦との特別養子縁組の成立後に渡米し、法定代理人である米国人養父母の申請により、米国国籍を取得した後、成年に達した養子が米国国籍取得の証明書を添付して、日本国籍の選択届をしたというケースである。

◇養子輸出国ニッポン

この子どもが米国人夫婦の養子となったのは、1991年のことである。米国務省の統計によれば、その年に日本から養子として受け入れた子どもの数は87人であり、今なお年間20人前後の子どもが養子として米国へ渡っている。G7先進国で米国へ10人以上の養子を出している国は、他には見当たらない。ところが、2016年（平成28年）末に成立した養子縁組あっせん法は、「可能な限り」子どもが国内で養育されることになるよう求めるだけである（3条2項）。もっと明確に国際養子縁組を制限しなければ、今後も、「養子輸出国ニッポン」の汚名は返上できないだろう（奥田ほか・養子縁組あっせん7頁以下）。

この養子が米国国籍を取得した後に、米国の移民国籍法が改正され、一定の要件を満たす外国生まれの養子は、自動的に米国国籍を取得することになった。しかし、それ以前は、申請による国籍取得であったから、「自己の志望」によるものであり、自動的に日本国籍を失う。したがって、「外国の国籍を有する日本国民」ではないから、国籍選択届を受理することができない、とされたのである（平成28年3月16日民一第280号回答）。

国家間協力の欠如

これらのケースが興味深いのは、いずれも自分のほうから外国国籍を取得したと申し出ていることである。わが国は、諸外国との間で、相互に国籍取得を通知するための協定を締結していないから、それを把握することは困難である。しかし、第1のケースでは、自ら日本国籍を再取得できるかという問い合わせをし、第2のケースでは、日本国籍の選択届をしたために、外国国籍の取得が判明している。

すなわち、たまたま「自己の志望」による外国国籍の取得が判明した者だけが日本国籍の喪失を指摘されたのであり、その背後には、多数の外国国籍取得者が日本国籍の喪失を隠しているか、または知らない状況があると推測される。このような「仮装的重国籍」の状態を生じさせたのは、「国家間協力」として国籍取得の通知に関する協定を締結するつもりがないのに、自動的国籍喪失を規定しているからではないのだろうか（奥田・裁判意見書集49頁以下）。

しかも第2のケースでは、市役所が受理照会をしてから法務省の回答までに、1年以上かかっている。これは、さらに外務省に照会がなされ、おそらく外務省から米国政府に照会がなされたからであろう。そうであれば、諸外国との協定は、単なる国籍取得の通知ではなく、国籍取得の原因を含め、より詳細な情報交換を目的とするものでなければならない。

◆日本国籍の喪失を隠していたら

欧州評議会の国際戸籍委員会は、1964年に国籍取得情報交換条約を成立させている。一方、わが国は、韓国との間では、帰化した者の情報を交換しているようであるが（奥田ほか・韓国国籍法120頁）、その他の国との間では、情報交換の例は見当たらない。わが国の領事館などは、帰化や届出により外国国籍を取得したら、日本国籍を失うと警告しているが、それでも本人が自ら国籍喪失届（戸籍法103条）をしなければ、事実上、日本国籍の喪失を隠すことができてしまう。

しかし、国籍喪失を隠すことは、大きなリスクを伴う。まず、日本国籍を失ったら、日本の旅券は、自動的に効力を失い（旅券法18条1項1号）、その失効した旅券を使ったら、5年以下の懲役または300万円以下の罰金に処せられる（旅券法23条1項7号）。これは、国外において使った場合（外国への出入国）も同じである（旅券法24条）。また日本への入国は、本来は、外国人として有効な外国の旅券による必要があるが、日本の旅券を使ったら、その時点で不法入国となり、3年以下の懲役・禁錮または300万円以下の罰金に処せられる（入管法70条1項1号）。もちろん退去強制処分の対象となる（入管法24条1号）。戸籍法上の届出を怠ったことに対しては、5万円以下の過料（行政罰）だけであるが（戸籍法135条）、それでは済まないことを覚悟しておく必要がある。

ちなみに、法務省の統計によれば、国籍喪失届（戸籍法103条）または官庁などからの国籍喪失報告（戸籍法105条）があった件数は、過去5年間をみても、2012年711件、2013年767件、2014年899件、2015年921件、2016年1058件と増加傾向にある。国籍喪失を隠している者の数は、もちろん知る由もないが、同様のペースで増えている可能性は大きいだろう。

また、これらのケースでは、外国の側は、日本国籍の喪失を要件としていなかった点に、注意する必要がある。すなわち、日本国籍の喪失が要件とされていれば、それを証明する書面が要求されるから、外国国籍の取得によって、日本国籍を失うことは、あらかじめ知ることができたであろう。しかし、外国の側が日本国籍の喪失を要件としていなかったので、外国国籍を取得する時点では、日本国籍の喪失を予測していなかったのである。

このように、諸外国では、出生後の新たな国籍取得であっても、従来の国籍喪失を要件としていないことがある（本章第7節）。しかし、日本の側では、「自己の志望」による外国国籍の取得があったら、自動的に日本国籍を失わせる。これも、一種の「国家間協力」の欠如といえるだろう。

さらに前述のとおり、自動的な国籍喪失は、「仮装的重国籍」を生じさせる。すなわち、本来は、すでに日本国籍を失っているのに、戸籍が残っているために、あたかも日本人のままであるかのような状況が生じる。戸籍は、日本人の身分関係を公証する制度であるにもかかわらず、戸籍に記載されている者がそもそも日本人でないとしたら、戸籍の公証機能は損なわれてしまうだろう。

◇未成年の子どもの帰化

未成年の子どもが帰化などにより、外国国籍を取得する場合、実際には、親が法定代理人として、代わりに申請することが多いだろう。わが国の国籍法でも、15歳未満の者が帰化申請などをする場合は、法定代理人が代わってすることになっている（18条）。このように法定代理人の申請による帰化も、「自己の志望」による外国国籍の取得とされ、自動的に日本国籍を失う。実際に帰化申請をしたのが本人ではないからといって、日本国籍の喪失を免れることはできない（江川＝山田＝早田 133 頁）。

これは、帰化申請が法律行為であることから、当然の帰結である。法定代理人による法律行為が「本人の意思」によるものではないとしたら、未成年者を当事者とする契約や訴訟は、不可能となってしまう。帰化申請も、それが「本人の意思」でないとしたら、不許可とせざるを得ないだろう。このように法律上の代理は、法律行為を有効にするための手段であるから、外国への帰化の場合にだけ、「自己の志望」によるものではない、というような無理な主張をするわけにはいかない。

外国国籍の選択

さらに昭和 59 年の国籍法改正では、重国籍者が外国法上の国籍選択制度によって外国国籍を選択した場合に、日本国籍を失わせる規定が設けられた。すなわち、「外国の国籍を有する日本国民は、その外国の法令によりその国の国籍を選択したときは、日本の国籍を失う」（国籍法 11 条 2 項）。

わが国以外に国籍選択制度を設けている国としては、メキシコ、ブラジル、インドネシア、タイ、シンガポール、パプア・ニューギニア、パキスタン、韓国が挙げられるが（韓国以外については、江川＝山田＝早田 153 頁）、わが国の国籍選択と同様の制度といえるのかどうかは、一部に疑問がある（奥田・国際家族法 382 頁以下）。

たとえば、ブラジルの 1988 年憲法（2007 年改正）は、出生による国籍取得について、生地主義の原則を定めると共に、国外出生子についても、父母の一方がブラジル人であり、かつブラジルの所轄官庁（在外公館）で登録されるか、またはブラジルに居住し、成年に達した後にブラジル国籍を選択した場合は、ブラジル国籍を取得すると定める（12 条 1 号）。

ここでは、「選択する (optem)」という文言が使われているが、わが国の国籍選択と同様のものと考えることはできない。わが国の国籍選択は、重国籍者がいずれかの国籍を選択するものであるが、ブラジル法は、「選択」を出生による国籍取得の要件とする。しかも、外国で生まれた子どもが外国国籍を取得したかどうかを問わない。そうであれば、ブラジル人と日本人の夫婦から生まれた婚内子がこの規定によりブラジル国籍を選択したとしても、日本国籍を失わないと考えるべきだろう。

これに対して、外国法が「選択」という文言を使っていなくても、わが国の国籍選択と同様の機能を有する、と判断できることがある。

たとえば、フィリピンの国籍維持・再取得法（2003年）によれば、外国国籍を取得するフィリピン国民は、宣誓手続をすることにより、フィリピン国籍を維持（retain）することができる。しかし、日本人父の認知を受けたフィリピン人が、国籍法3条の届出により日本国籍を取得する際に、国籍維持・再取得法による宣誓手続をした場合には、フィリピン国籍を選択したものとして、日本国籍を失うと考えるべきだろう。なぜなら、このような宣誓は、実質上、フィリピン国籍を選択する意思を表示したものといえるからである。

このように外国法上の国籍選択がわが国の国籍選択と同様の機能を果たすかどうかは、慎重な検討を要する。前述（本章第1節）のとおり、わが国の国籍選択制度が実質上機能していないのであるから、むしろ外国法上の国籍選択による日本国籍の喪失は廃止すべきであろう。

第6節　重国籍の弊害

重国籍の国会議員は失格か

2016年9月から10月にかけて、民進党代表が重国籍ではないか、というニュースが駆け巡った頃、日本維新の会が重国籍者の参政権や公務就任権を制限する法案を国会に提出した。

すなわち、国籍法14条1項の国籍選択の期間を過ぎて、なお同条2項の国籍選択届をしていない重国籍者は、被選挙権を有せず、また管理職の公務員に就任できないとするため、「公職選挙法の一部を改正する法律案」および「外国の国籍を有する国の行政機関の職員に係る欠格事由に関する特別措置法案」が提出されたのである。しかし、いずれも、審議未了のため廃案となった。

このような法案が出ること自体、現行法上は、重国籍であるからといって、国会議員や管理職の公務員になる資格が制限されていないことを示している。

実際のところ、公職選挙法では、「日本国民は、……被選挙権を有する」とされ（10条1項）、日本国民であることを証明するために、同法施行令により、戸籍謄本または抄本の提出が求められるだけである。

また、経歴などを詐称した場合は、2年以下の禁錮または30万円以下の罰金に処せられるが（公職選挙法235条1項）、そこでいう経歴とは、「公職の候補者又は候補者になろうとする者が過去に経験したことで、選挙人の公正な判断に影響を及ぼすおそれのあるものをいう」とされている（最判平成6年7月18日）。

重国籍であるからといって、選挙人の判断に影響があるとするのは、後述の旧国籍法における帰化人の公職制限をめぐる議論を思い起こさせる。また、前述（本章第1節）のとおり、重国籍であるかどうかは、出生による国籍取得だけでも、その出生当時の外国の国籍法を正確に調べる必要がある。そのようなことに刑事罰を科すのは、社会通念に反する。

なお、外務公務員は、重国籍であることが欠格事由とされているが（外務公務員法7条）、これは、外交官として外国に派遣された場合に、裁判権免除などの特権（外交特権）を受けることが理由とされている（時の法令59号31頁）。

外交関係に関するウィーン条約でも、外交職員は、原則として、派遣国の国籍を有する者であり、かつ接受国の同意がない限り、その接受国の国籍を有する者の中から任命することはできないとされている(8条1項・2項)。

これは、接受国の国籍を有しながら、他の国民にはない特権を認めることに抵抗があるからだろう。それでは、第三国に派遣すればよいと思うかもしれないが、最初から派遣先が限定されている者を雇うことはできない。

いずれにせよ、外務公務員は、このような特別の事情により、重国籍者が除外されているのであるから、その他の公務員や国会議員を直ちにこれと同視するわけにはいかない。

繰り返し述べるとおり、重国籍であるかどうかは、本人でさえも正確に知ることが難しい場合がある。したがって、重国籍を国会議員の欠格事由にしたら、政争の具とされるおそれがある。今回の民進党代表のケースは、そのような法改正への戒めと考えるべきだろう。

戦前の帰化人との比較

実は、戦前の旧国籍法では、帰化による国籍取得者（帰化人）は、参政権や公務就任権が制限されていた（16条)。しかも制限を受けるのは、帰化をした本人だけでなく、その子どもなどを含み、対象となる公職も、国務大臣、枢密院の議長・副議長・顧問官、宮内勅任官、特命全権公使、陸海軍の将官、大審院長・会計検査院長・行政裁判所長官、帝国議会の議員というように、広範囲に及んだ。

現在でも、南北アメリカなど、生地主義を採用する国では、帰化による国籍取得者に公職を制限する例がみられるが、大統領職や議員職などに限定されているようである。また、制限をする理由も、生地主義特有の忠誠概念に基づき（第1章第5節)、出生により生じる「生来の忠誠」に対し、外国人が新たに国籍を取得したことによる「伝来の忠誠」を区別するからであると思われる。

ところが、旧国籍法が帰化人に対し参政権や公務就任権を制限したのは、全く別の理由によるものであった。

明治政府が帝国議会に提出した法案理由書によれば、帰化人に対し、「本条〔旧国籍法16条〕ニ列挙スル如キ権利ノ享有ヲ許スハ危険ナリトノ理由ニ基クモノナリ」とされている（戸籍277号19頁）。すなわち、参政権や公務就任権を認めるのは、「危険」だというのである。法案の審議では、この規定が最も紛糾し、圧倒的に多くの時間が費やされたが、その一部を紹介したい。

まず、法案では、帝国議会の議員となることだけでなく、選挙権も制限されていたが、外国の立法例を問われたのに対し、政府委員は、「外国ノ立法例ハ区々ニシテ一定セサルモ日本ハ其ノ国体ヨリ将タ又人種的感情ヨリ之ヲ禁止シタルナリ」と答弁している（戸籍280号31頁）。この答弁からは、外国の立法例にとらわれることなく、わが国の独自性が守られるべきだ、という気持ちがにじみ出ているし、人種差別的な発言まで飛び出している。

また、質問をする側にも、問題がある。法案の制限リストに宮中顧問官が含まれていたことに関連して、「侍従長ガドウ云フ訳デナイノデアリマスカ宮中顧問官ヨリハモット侍従長ハ外国人ガナッタラ危険デアリサウニ思ハレルガ……」という発言があった（戸籍282号24頁）。外国人は、帰化により日本国籍を取得するから（旧国籍法5条5号）、「日本人」になるはずであるのに、ここでは、不用意にも「外国人」としている。このような混乱は、旧国籍法が「帰化人」という用語を使っていたことにも、原因があるように思われる。

一方で、同じように帰化人を「外国人」としながらも、次のような反対意見が出ている。「或ル説ニハ宮内省ニハ一切外国人入ルベカラズ、ソレデ殊ニ内膳職ト云フヤウナ所ハ最モ大事ナ所デアルカラシテハ外国ノ者ニ御膳部デモ扱ハセルト云フコトハ甚ダ危険デアル」という考えには共感するが、「然カシマスルニ是等ノ事ヲ予防スルニ方ツテハ迚モ此外国人ニ単ニ限ルコトデハナイ、何所ニサウ云フ者ガ生ズルヤラモ知レナイ話デ、ソレ等ノコトヲ慮ルガタメニ外国人ヲ之ニ宮内省ヘ一人モ入レヌト云フコトハドウモ其当ヲ得マイ」というのである（戸籍286号21頁）。

すなわち、皇室の食事に気をつけろというのは分かるが、それは帰化人に限るものではない、というのである。これは、重国籍者が国会議員や管理職の公務員になったら危険だ、という主張に対する反論にもなり得るだろう。

結局のところ、旧国籍法16条は、制限リストを一部修正しただけで可決されたが、現行の国籍法では、完全に廃止された。

衆議院法務委員会の委員長報告は、「現行法（＝旧国籍法・筆者注）では帰化人等に対しては国務大臣などの官職につく資格を制限していますが、これは法の前に平等であるという憲法の精神に反しますので、この制限を撤廃いたしました」とする（第7国会制定法審議要録396頁）。

以上のような帰化人に関する議論は、最近の重国籍者に関する議論との間に、類似点があるのではないだろうか。現行憲法では、重国籍者に対する公職の制限も、外務公務員のように特殊な事情がある場合を除き、法の下の平等に反すると思われる。

外交的保護権の衝突？

前述（第1章第5節）のとおり、重国籍の弊害として、戦前の米国における日系移民迫害の例を挙げるのは、今や時代錯誤である。また、兵役義務が挙げられることもあるが、わが国のように、徴兵制度を廃止した国には無関係である。

ここでは、法務省のウェブサイト（2017年2月閲覧）に書かれた「それぞれの国の外交保護権が衝突することにより国際的摩擦が生じるおそれがある」という点を取り上げたい。

「外交的保護権」とは、自国民が外国政府から財産を不当に収用されたり、自国の企業が一方的に国有化されたりした場合などに、本国政府が外国政府に対し責任を追及する権限をいう。

この外交的保護権は、個人の権利ではなく、国家の国際法上の権利である。したがって、個人の要請があっても、国家は外交的保護権を行使するとは限らないし、逆に個人の要請がなくても、国家は外交的保護権を行使することがある。また、外交的保護権を行使した結果、国家が賠償を受け取っても、国際法上は、それを個人に引き渡す義務を負わない。その引渡しは、もっぱら国内法上の問題となる。しかし、実際上、本国政府が外交的保護権を行使することにより、個人の救済が図られる結果となる側面は否定できない。

それでは、重国籍者については、複数の本国が外交的保護権を行使することによって、本当に国際的摩擦が生じるのだろうか。

まず、重国籍者が本国以外の第三国において被害を受けた場合には、この者の主たる居住地やその他の観点からみて、「真正な結合関係 (genuine link)」があると認められた本国だけが外交的保護権を行使できる。これを一般に「実効的国籍 (effective nationality)」の理論という。

また、重国籍者がいずれかの本国において被害を受けた場合、本国相互の間では、外交的保護権を行使できないとされている。ただし、一方の本国がより密接で実効的な関係を有する場合には、単に国籍があるという以上の関係が実際上ない他方の国に対し、外交的保護権を行使できるとする見解もある（山本草二・国際法507頁）。

いずれにせよ、外国政府から財産を収用されるというような事態は、頻繁に起きるわけではないし、万が一被害者が重国籍者であったとしても、その時点において、いずれの本国が密接な関係を有しているのか、という国籍の実効性により、解決が図られることになるだろう。

国際的な重婚の発生？

法務省のウェブサイトは、さらに重国籍の弊害として、「それぞれの国において別人として登録されるため、各国において別人と婚姻するなど、身分関係に混乱が生じるおそれがある」という。

しかし、このような国際的重婚の原因は、複数の国籍を有することではなく、むしろ外国における婚姻を本国において登録しないことにある。

たとえば、日本人は、外国において、その国の法律が定める方式で婚姻を成立させた場合、3か月以内に、その国の婚姻証書を添付して、報告的届出をする義務がある（戸籍法41条）。

ところが、前述（本章第2節）のとおり、東南アジアなどで現地の女性と結婚しながら、戸籍法上の報告的届出をせず、妻子を残して単身で帰国してしまう日本人が少なくない。これらの人たちは、外国における婚姻を「その国の領域内だけで有効だ」と思っているのかもしれない。

報告的届出をしなかったら、外国での婚姻は、戸籍に記載されないため、あたかも独身であるかのように、日本で他の女性と結婚できてしまう。後婚は、重婚となるが、民法上は、取消しの裁判が確定するまでは、有効な婚姻として扱われる（744条、748条）。

本来は、本人が報告的届出をするまでもなく、諸外国と婚姻情報を交換するための協定を締結することによって、国際的な重婚を防止すべきである。たとえば、欧州評議会の国際戸籍委員会は、1958年に戸籍情報交換条約を成立させ、さらに1989年に追加議定書、1997年に新しい条約を採択している。

法務省は、このような努力をすることもなく、国際的な重婚の原因があたかも重国籍にあるかのような誤解を招いている。やるべきことは、もっと他にあるように思われる。

第7節　ヨーロッパ諸国の立法

重国籍の防止と容認という点では、ヨーロッパ諸国は、明らかに

「防止」から「容認」に向かっている。これは、とくに出生による子どもの重国籍、および国際結婚により他方の配偶者の国籍を取得した者の重国籍について顕著である。

前述（第１章第５節）のとおり、欧州評議会は、1963 年に重国籍減少条約を成立させたが、1993 年に、これら二つの場合の重国籍を容認する第二改正議定書を採択し、さらに 1997 年の欧州国籍条約では、これらの場合の重国籍を許容する義務を課している。

ここでは、わが国と同様に血統主義を採用する主要国が重国籍に対し、どのような対応を取っているのかをみたい。これらの国々は、欧州国籍条約については、批准国（ドイツ、オランダなど）よりも未批准国（フランス、ベルギー、イタリア、スイスなど）のほうが多い。しかし、出生による子どもの重国籍、および国際結婚により他方の配偶者の国籍を取得した者の重国籍については、実質上、欧州国籍条約に沿った立法がなされている。

前述（本章第１節）のとおり、わが国の国籍選択制度のモデルは、欧州評議会閣僚委員会の 1977 年の決議であったが、決議の勧告に従ったのは、イタリアだけであり、そのイタリアも、1992 年に国籍選択制度を廃止した。

一方、ドイツは、2000 年に新たな国籍選択制度を設けたが、これは、その年の法改正により、ドイツにおいても、加重的生地主義が採用されたからである。すなわち、父母の一方がドイツ人である子どもだけでなく、８年以上ドイツに居住し、永住権を有する外国人の親から生まれた子どもにも、ドイツにおける出生を理由として、ドイツ国籍が付与されることになった。

父母の一方がドイツ人であり、血統主義によりドイツ国籍を取得した子どもは、国籍選択制度の対象ではない。これに対して、加重的生地主義によりドイツ国籍を取得した子どもは、成年年齢（18 歳）から 23 歳までの間にドイツ国籍を選択しなかった場合には、自動的にドイツ国籍を失うとされた。しかし、2014 年の法改正により、21 歳までにドイツでの生育要件を満たした子どもは、この国籍選択義務が免除されることになった（奥田・国際家族法82頁）。

この間に、ドイツは、2005年から欧州国籍条約の締約国となっている。この条約によれば、締約国は、出生により重国籍となった子どもがこれらの国籍を保持することを許容する義務を負うが（14条1項a号）、同時に、外国に居住し、国籍国との「真正な結合関係（genuine link)」を失った者の国籍を喪失させることが認められている（7条1項e号）。

そうであれば、ドイツの国籍選択制度は、むしろわが国の国籍留保制度と同様の機能を果たしているといえる。なぜなら、ドイツでの生育要件を満たしていない子どもは、ドイツ国籍が形骸化しているといえるからである。

その国籍留保制度は、さらに他の国でも設けられているが、わが国のように、出生後わずか3か月の短期間に、国籍留保を求める国は見当たらない。すなわち、外国で生まれた重国籍者は、22歳までに国籍留保の届出がなかった場合（スイス）、または18歳の成年年齢からさらに10年にわたり外国に居住し続け、かつ国籍留保の届出をしなかったことなどの要件を満たした場合に（ベルギー）、やっと国籍を失うだけである。これらの例をみれば、わが国の国籍留保期間がいかに短いのか、よく分かるだろう。

国際結婚により他方の配偶者の国籍を取得する場合の重国籍についても、これを容認する傾向にある。

まず、フランス・ベルギー・イタリア・オランダは、自国民と結婚した外国人に対し、帰化ではなく、届出による国籍取得を認め、一定期間以上の結婚や居住を要件としたり、同化が不十分である場合には、届出を認めなかったりすることがあるが、従来の国籍の喪失は、要件としていない。また、簡易帰化を認める国のうち、スイスは、従来の国籍喪失を条件としない。ドイツは、原則として、従来の国籍喪失を条件とするが、例外の範囲を広く認めている。たとえば、従来の国籍を失うことにより、大きな経済的不利益を被るというような理由でも、国籍喪失が困難であるとして、例外が認められる。

つぎに、自国民が帰化などにより外国国籍を取得する場合、ドイツは、事前にドイツ国籍を留保する手続を定めているし、ベルギーは、2008年から自動的な国籍喪失を廃止した。オランダは、自発的な外国国籍の取得を国籍喪失原因としながらも、外国人と結婚した者などは例外とする。またフランス・イタリア・スイスでも、外国人と結婚した者がその外国に帰化したからというだけで、従来の国籍を失うことはない。

以上のとおり、欧州国籍条約の批准国であるかどうかを問わず、出生による子どもの重国籍、および国際結婚により他方の配偶者の国籍を取得した者の重国籍は、広く認められている。

1963年に欧州評議会が重国籍減少条約を成立させた頃は、まだヨーロッパでも、父系血統主義を採用する国が多く、また徴兵制度が広く採用されていた。その後、これらの諸国が父母両系血統主義に移行し、徴兵制度が多くの国で廃止されるなか、重国籍の容認は、人権の観点から認められるようになった。

過去のヨーロッパにおいて、重国籍の防止が優勢であったからといって、その後の変化に目を閉ざすのは、立法の怠慢といえるのではないだろうか。

第3章 国籍法上の婚外子差別の撤廃

第1節 婚外子の国籍

婚外子差別撤廃の動き

婚姻中に懐胎した子どもを夫の子と推定し（嫡出推定）、そうでない子どもと区別することは、どこの国でも行われている。しかし、その他の区別は不合理であり、法の下の平等に反する差別ではないか、という議論が高まっている。

そもそも民法は、結婚している父母から生まれた子どもを嫡出子（嫡出である子）、そうでない子どもを非嫡出子（嫡出でない子）と規定するが、このような用語自体がすでに差別的である。かつては欧米でも、<legitimate child>および<illegitimate child>という用語（あるいは、これらに相当する各国言語）が使われていたが、近年は、このような用語を廃止する国が増えている。

そこで本書では、原則として、前者を「婚内子」、後者を「婚外子」と呼ぶ。ただし、嫡出推定、嫡出否認、準正など、他の言葉に置き換えることが難しい場合は、そのままとする。

◇法律上の親子関係

法律上の親子関係は、生物学的な親子関係と異なる。たとえDNA鑑定などの技術の進歩により、生物学的な親子関係の有無が正確に確認できるようになったとしても、法律上の親子関係は、必ずしもこれと連動しない。

たとえば、妻が婚姻中に懐胎した子どもは、夫の子と推定される。法律上の推定は、通常、自由に反証を提出することができるが、「嫡出推定」は異なる。嫡出推定を自由に覆せるとしたら、法律婚制度を否定し、子どもの地位を不安定にすることになるからである。そこで、「嫡出否認」を制限し、夫にのみ否認権を与え（民法774条）、出訴期間も、夫が子どもの出生を知った時から1年以内に限定している（民法777条）。

また、婚外子の父親は、「認知」があるまでは存在しないものとされる。認知は、父親が戸籍法上の届出により行うか（民法781条）、または子どもやその母親などが父親に対し裁判を起こすことにより行われる（民法787条本文）。ただし、父親の死亡から3年を経過した場合は、もはや裁判をすることができない（同条ただし書）。

後述のとおり、婚内子と婚外子の差別は撤廃されてきたが、それでも完全に区別がなくなったわけではないから、「準正」という制度がある。すなわち、父親が婚外子を認知した後に、母親と結婚するか、または婚外子の出生後に父母が結婚し、さらに父親が認知をすることにより、婚外子は婚内子となる（民法789条）。一般に前者を「婚姻準正」、後者を「認知準正」という。

法律上の親子関係は、子どもの国籍取得を説明する際に必要不可欠である。本書は、一般の読者向けとはいえ、これらの用語を使わざるを得ないことをご理解頂きたい。

さて、嫡出推定以外の区別は、わが国でも差別的であるとして、徐々に撤廃されてきた。

たとえば、かつて婚外子の法定相続分は、婚内子の半分とされ（民法900条4号ただし書前段）、最高裁も、これを合憲としていた（平成7年7月5日大法廷決定）。しかし、その後、判例を変更して、これを違憲とする判断を下している（平成25年9月4日大法廷決定）。そして、その年のうちに、婚外子の相続分を婚内子の半分とする規定は、民法から削除された。

また、かつて戸籍実務では、父母との続柄欄は、婚内子が「長男」「長女」と記載されるのに対し、婚外子は「男」「女」と記載されるだけであった。住民票の世帯主との続柄欄も、婚外子についてのみ、「子」と記載されていた。

しかし、まず住民票について、平成6年12月に住民基本台帳事務処理要領が改正され、翌年3月1日から、婚内子と婚外子を問わず、すべて「子」と記載されることになった。また戸籍についても、通達（平成16年11月1日民一第3008号）により、母が分娩した婚外子の出生順に、「長男」「長女」と記載されることになった。

もっとも、出生届において婚内子（嫡出子）と婚外子（嫡出でない子）の別を記載することは（戸籍法49条2項1号。実際には、いずれかにチェックをする欄がある）、戸籍事務処理の便宜のため、合理性を欠くものとはいえないとして、合憲とされている（最判平成25年9月26日）。

婚外子の国籍取得

出生による国籍取得についても、婚外子は、必ずしも婚内子と同等の扱いを受けているわけではない。国籍法2条1号による国籍取得については、まず父母のいずれが日本人であるのかを確認し、父のみが日本人である場合は、婚内子と婚外子のいずれであるのか、婚外子の場合は、胎児認知があったのかどうかを確認しなければならない（図Ⅲの1）。

そもそも国籍法2条1号は、「出生の時に父又は母が日本国民であるとき」、子は日本国民とするが（父母両系血統主義）、ここでいう「父又は母」とは法律上の父母をいう。

図Ⅲの１　出生による子どもの国籍取得

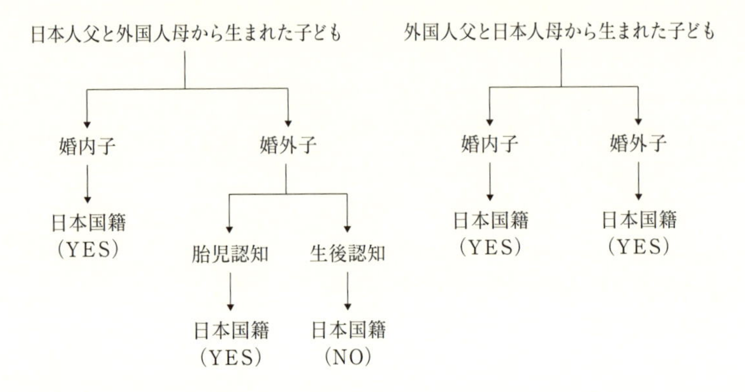

◆国籍法上の先決問題

国籍法は、「父」「母」「子」「配偶者」「養子」など、様々な家族法の用語を使っているが、自らは、家族関係の成立に関する規定を置いていない。そこで、これらの父子関係、母子関係、婚姻、養子縁組などの成立については、前述（第１章第１節）のとおり、「法の適用に関する通則法（本書では「通則法」と略す）」により、いずれの国の法が適用されるのかを決定することになる。これを一般に「国籍法上の先決問題」という（江川＝山田＝早田 27 頁以下）。

母子関係は、原則として、分娩の事実だけで生じるから（最判昭和37 年４月 27 日）、外国人父と日本人母から生まれた子どもは、婚内子と婚外子を問わず、日本国籍を取得する。

ところが、父子関係は、婚外子の場合、認知を要する。生物学的には、誰でも父親が存在するはずであるが、法律上、婚外子の父親は、認知があるまでは存在しないものとして扱われる。

民法の条文では、「嫡出でない子は、その父又は母がこれを認知することができる」とされているが（779条）、母子関係は、原則として分娩の事実だけで生じるから、実質上、認知を要するのは、婚外父子関係だけである。

認知は、通常、出生の時にさかのぼって効力を生じる（民法784条本文）。しかし、国籍法上は、「出生の時」に法律上の日本人父がいたことが必要である。そのため、日本人父が外国人母の婚外子を認知しても、出生時にさかのぼって国籍取得を認めるわけにはいかない。

ただし、出生前の胎児認知（民法783条1項）があった場合は、出生の時に日本人父がいるので、国籍取得が認められる。胎児認知は、子どもが生まれる前に、父親が病気のため死亡しそうであるとか、戦前であれば、戦地に赴く場合など、特別な理由がなければ、通常は利用されない制度である。そのため、法律の専門家でも、正確にアドバイスをするのが難しいことがある。

ある日本人男性が新聞記事で胎児認知の必要性を知り、中国人女性の胎児に日本国籍を取得させたい、と弁護士会の法律相談に行ったところ、相談を担当した弁護士は、「胎児認知をしなくても日本国籍は取れる」と回答したそうである。しかし、子どもの出生後に区役所で出生届をしたところ、日本国籍を取得できなかったとして、1000万円の損害賠償を請求する紛議調停を弁護士会に申し立てた、という事件がある（1997年6月8日中日新聞）。

婚内子の国籍取得との比較

一方、婚内子の場合は、夫の子とされるから、子どもが生まれる前に、日本人父と外国人母の婚姻が成立している限り、国籍法2条1号による国籍取得が認められる。

正確にいえば、妻が婚姻中に懐胎した子どもが、夫の子と推定されるだけである。しかし、妻がいつ懐胎したのかは、正確に分からないので、婚姻成立から200日後、または婚姻解消（離婚や夫の死亡など）から300日以内に生まれた子どもは、婚姻中に懐胎したと推定される（民法772条）。

ところが、いわゆる「300日問題」が起きたため、戸籍実務では、婚姻解消から300日以内に生まれた子どもについても、医師の作成した懐胎時期の証明書が添付され、推定される懐胎時期の最も早い日が婚姻解消よりも後の日である場合は、婚姻解消後に懐胎したものとし、後婚の夫を父とする婚内子出生届、あるいは婚外子出生届を受理する、という扱いがなされている（平成19年5月7日民一第1007号通達）。

また、婚姻から200日以内に生まれた子どもは、「推定を受けない嫡出子」とされ、婚内子出生届または婚外子出生届のいずれもが受理される（昭和26年6月27日民事甲第1332号回答、昭和30年7月15日民事甲第1487号回答）。

したがって、日本人父と外国人母から生まれた子どもについて、婚内子出生届がなされたら、日本国籍を取得したものとして扱われるが、仮に婚外子出生届がなされたら、胎児認知がない限り、実務上は、日本国籍の取得が否定されるはずである（奥田・国際家族法336頁）。実際には、後者のようなケースは見当たらないが……。

旧国籍法上の認知による国籍取得

以上の状況は、父系血統主義を採用していた旧国籍法の当時も、基本的には同じであった。

父系優先であるから、日本人父と外国人母から生まれた子どもは、日本国籍を取得し、母のみが日本人である場合は、日本国籍を取得しないが（旧国籍法１条）、これは、通常、婚内子にのみ当てはまる。

婚外子の場合は、法律上、出生の時に父がいないから、母を基準とし、母が日本人であることにより、日本国籍を取得する（旧国籍法３条）。ただし、胎児認知の場合は、旧国籍法１条が適用され、認知をしたのが日本人父であるのか、それとも外国人父であるのかによって、日本国籍の取得が左右される。

もっとも、旧国籍法では、出生後の認知による国籍取得も、一定の条件のもとで認められていた。すなわち、本国法により未成年であること、外国人の妻ではないこと、父母のうち先に認知をした者が日本人であること、父母が同時に認知をした場合には、父が日本人であること、これら四つの条件を満たせば、子どもは日本国籍を取得した（旧国籍法5条3号、6条）。

ただし、出生の時にさかのぼるのではなく、認知の時から新たに国籍を取得するだけであった。したがって、国籍法上は認知の遡及効を認めない、という原則は維持されていた。

◆認知による国籍取得の条件

旧国籍法が認知による国籍取得について、外国人の妻でないことを条件としたのは、外国人の妻となった女性の国籍喪失が規定されていたからである（ただし、大正5年の改正後は、夫の国籍を取得した場合にのみ、日本国籍を失うことになった）。また、認知の順による区別を規定したのは、民法の規定上、婚外母子関係についても認知を要するとされており、かつ国籍法上は、父系優先血統主義が採用されていたからである。

ところが、昭和25年に現行の国籍法が制定された際に、出生後の認知による国籍取得は廃止された。政府の提案理由によれば、婚姻や養子縁組などによる国籍取得と同様に、身分行為により国籍が変動することは、家族関係における個人の尊厳を定めた憲法24条の精神に反しており、各国の立法動向にならって、家族の国籍をそれぞれ独立に定めることにしたからである（第7国会制定法審議要録394頁）。

しかし、各国の立法例によれば、妻の国籍を夫の国籍に合わせる夫婦国籍同一主義は廃止され、夫婦国籍独立主義に向かっていたが、後述（本章第5節）のとおり、わが国と同じく血統主義を採用し、かつ婚外父子関係について認知制度を採用する国々は、戦後も認知による国籍取得を維持していた。すなわち、わが国の国籍法が認知による国籍取得を廃止したのは、むしろ各国の立法動向に反していたのである（奥田・国籍法と国際親子法144頁以下）。

昭和59年改正後の父母の婚姻要件

その後、昭和59年の国籍法改正により、父系血統主義が父母両系血統主義に改められた際に、血統主義を補完するため、準正子の届出による国籍取得を認める規定が設けられた。

すなわち、認知だけでなく父母の婚姻によって準正が成立した子どもは、20歳未満の間に、法務大臣に国籍取得届をすることにより、届出の時から日本国籍を取得できることになった（平成20年改正前国籍法3条）。

◇準正子の国籍取得届

正確にいえば、子どもは、20歳を超えた場合だけでなく、かつて日本国民であった場合も除かれる。たとえば、日本人父が胎児認知をして、出生により日本国籍を取得したが（国籍法2条1号）、外国への帰化により日本国籍を失ったら（国籍法11条1項）、日本国籍を再取得するためには、国籍法3条の国籍取得届ではなく帰化を申請するしかない。

また父親は、子どもの出生の時および国籍取得届の時の両方の時点で日本国民であることを要する。したがって、父親が子どもの出生後に外国への帰化により日本国籍を失ったり、日本への帰化により新たに日本国籍を取得したりした場合は除かれる。ただし、父親が死亡していた場合は、その死亡の時に日本人であれば足りる。

このように昭和59年改正後の国籍法は、旧国籍法と異なり、認知だけでなく父母の婚姻も要件とし、さらに国籍取得届も要件とした。しかし、とくに父母の婚姻要件は、大きな障害となった。日本人父が婚姻中で、妻が離婚に応じないなど、子どもの母親と結婚できないケースが多発したからである。しかも胎児認知を知らなかったために、国籍法2条1号による国籍取得も認められず、不満の声が高まった。

日本法上は、協議離婚が認められているから、離婚が容易だと勘違いする人がいるが、欧米からは、むしろ離婚が困難だと思われている。裁判では、夫婦のどちらに離婚の原因（不貞行為など）があったのか、どちらが有責配偶者であるのかにより、離婚が左右される結果となることが多いからである。

最高裁は、「有責配偶者からされた離婚請求であっても、夫婦の別居が両当事者の年齢及び同居期間との対比において相当の長期間に及び、その間に未成熟の子が存在しない場合には、相手方配偶者が離婚により精神的・社会的・経済的に極めて苛酷な状態におかれる等離婚請求を認容することが著しく社会正義に反するといえるような特段の事情の認められない限り、当該請求は、有責配偶者からの請求であるとの一事をもって許されないとすることはできない」という（最大判昭和62年9月2日）。

しかし、逆にいえば、有責配偶者からの離婚請求は、通常は認められないことになる。したがって、日本人夫が妻以外の外国人女性に子どもを産ませたようなケースでは、妻と離婚して、子どもの母親と再婚するのは困難である。

ある外国人支援団体によれば、「胎児認知を知らずに、生まれてから相談にくる人が多い。認知はできても結婚できないケースは100件以上相談を受けたが、半数は間に合わなかった」とされる。また、子どもが日本国籍を取得できず、母親と共に強制送還されたら、再来日は、事実上困難となる。その結果、崩壊する家族も多い（1994年9月20日朝日新聞朝刊）。

第2節　国籍法違憲判決

先行訴訟の存在

このような状況を背景として、1990年代に入ると、婚外子の国籍取得をめぐる裁判が注目を集めるようになった。

たとえば、胎児認知届の受付が役所で拒否された事件や、外国人女性が日本人夫と別居中に別の日本人男性の子どもを妊娠し、当時は離婚前であったので、胎児認知ができなかった事件などである。後述（本章第4節）のとおり、前者は、事実上勝訴の和解に終わり、後者は、国籍法2条1号の「出生の時」という文言を柔軟に解釈することにより、勝訴判決を得ることができた。

しかし、このような事情のないケースでは、国籍法の合憲性を争うしかない。

まず、フィリピン人女性が日本人男性との内縁関係を破棄するにあたり、娘二人の認知を求めたところ、出生前だった妹は、胎児認知により日本国籍を取得したが、出生後の姉は、日本国籍を取得せず、これを不服として、国籍法2条1号の合憲性を争う裁判が提起された。

この裁判の意見書を依頼された筆者は、国籍法上も、認知の遡及効を認めるべきであり、これを否定する国籍法の規定は、法の下の平等に反するから違憲であると主張したが、最高裁は、国籍法2条1号を合憲と判断した。ただし、国籍法3条のほうに違憲の疑いがある、という補足意見が付けられたのである（平成14年11月22日判決）。

しかし、この補足意見を活かすには、父母の婚姻がないにもかかわらず、国籍法3条による国籍取得届をする必要がある。通常、そのような届出をする者はいないだろう。実務上も、国籍取得届は、法務局の事前審査により、適法な届出であると認めた場合に限り、受け付けるとされていた（昭和59年11月1日民五第5506号通達）。受付さえもないのに、届出があったことを証明するのは困難であり、国籍法

3条の合憲性を争うことは、事実上不可能に思えた。

◇届出は単なる通知

行政手続法上、「届出」とは、行政庁に対し一定事項の通知をする行為にすぎない（2条7号）。そのため、「届出が届出書の記載事項に不備がないこと、届出書に必要な書類が添付されていることその他の法令に定められた届出の形式上の要件に適合している場合は、当該届出が法令により当該届出の提出先とされている機関の事務所に到達したときに、当該届出をすべき手続上の義務が履行されたもの」とされている（37条）。

しかし、行政手続法の制定前は、届出についても、行政指導の名のもとで「事前審査」が行われ、行政手続の不透明さを象徴するものとして批判があった。そこで、届出先に届書などが到達した時に、届出があったものとされるという、ある意味では当然のことがわざわざ規定されたのである（塩野＝高木・条解行政手続法357頁以下）。

そこで改めて、昭和59年の通達を読んでみよう。「届出の効力は、その届出が適法なものであるときは、法務局又は地方法務局において届出を受け付けた時に生ずる……ので、受付手続は、事前に届出人の提出すべき書類がそろつているか否か、その記載が整つているか否かを点検し、書類が不足する場合には完備させ、記載に不備がある場合には補正させた上、適法な届出であると認められるときにするものとする」。これは、まさに「事前審査」を肯定するものである。

ところが、平成5年に行政手続法が制定された後も改正されず、後述（本章第3節）のとおり、平成20年の国籍法改正に伴う新たな通達でも、同様の取扱いが定められている。これらの通達は、行政手続法に違反するものとして、直ちに改正すべきである。

提訴の経緯

ところが、不法滞在のフィリピン人女性が妻子のある日本人男性の子どもを出産し、男性が子どもを認知したので、母子が揃って入管局へ出頭したところ、在留特別許可が認められず、この処分の取消訴訟が係属している最中に、弁護士が国籍法3条による国籍取得届をさせた、というケースが現れた。この届出は、なぜかすぐに受付がなされたが、もちろん、父母の婚姻がないため、国籍法3条の要件を満たさない、という通知が届いた。このような事実関係のもとで、国籍法3条の合憲性を争う訴訟が始まった。

東京地裁は、原告の国籍確認請求を認めたが、その理由は、国籍法3条1項にいう「婚姻」には内縁関係が含まれる、というものであった（平成17年4月13日判決）。これに対して、東京高裁は、裁判所が認知のみによる国籍取得を認める規定を創設することはできないとして、国籍法3条の合憲性を判断することなく、請求を棄却した（平成18年2月28日判決）。そこで、原告側が上告したところ、最高裁大法廷は、父母の婚姻要件を違憲無効と判断したのである（平成20年6月4日判決）。

わが国の国籍法の規定が違憲無効と判断されたのは、初めてのことである。まさに本判決は、わが国の憲法訴訟の歴史に新たな頁を刻んだのである（詳細については、奥田・裁判意見書集1頁以下）。

◇一次訴訟と二次訴訟の違い

本件の国籍確認訴訟が東京地裁に提起されたのは、平成15年2月27日であり、その後、筆者が原告側の弁護士から依頼を受けて、最初の意見書を提出したのは、翌年1月13日であった。本件の子どもは、このような訴訟が提起されていることを一切知らず、司法記者クラブの記者会見も、弁護士と筆者が出席するだけで、父母は出席せず、子どもの氏名もメディアでは公表されなかった（もちろん、訴状には記載されていたが）。

ところが、東京地裁判決が下される前日、本件と同様に、父母の婚姻がないにもかかわらず、国籍法3条による国籍取得届をしたというフィリピン人婚外子9名を原告とする訴訟が提起された。争点は、本件と全く同じである。しかし、この訴訟の弁護団は、母親と子どもたちを司法記者クラブで会見させ、明らかにメディア戦略を目的としていた。この二次訴訟は、一審と控訴審が一次訴訟よりも遅れて進行したが、上告審では、一次訴訟と同じ日に判決が下された。裁判は、もっぱら法律論で闘うものであり、二次訴訟の原告側弁護団のようなメディア戦略には、大いに疑問を感じる。

立法裁量の限界

わが国の憲法は、「日本国民たる要件は、法律でこれを定める」とする（10条）。前述（第1章第2節）のとおり、出生による国籍取得の原則を血統主義から生地主義に改めることは、憲法の許容するところではないが、細部については、立法府に広範な裁量を認めているようにも読める。

しかし、最高裁は、次のとおり、国籍取得の要件の合理性については、「慎重な検討」を要するとした。

憲法10条は、たしかに国籍取得の要件を立法府の裁量に委ねているが、「このようにして定められた日本国籍の取得に関する法律の要件によって生じた区別が、合理的理由のない差別的取扱いとなるときは、憲法14条1項違反の問題を生ずることはいうまでもない。すなわち、立法府に与えられた上記のような裁量権を考慮しても、なおそのような区別をすることの立法目的に合理的な根拠が認められない場合、又はその具体的な区別と上記の立法目的との間に合理的関連性が認められない場合には、当該区別は、合理的な理由のない差別として、同項に違反するものと解されることになる」。

「日本国籍は、我が国の構成員としての資格であるとともに、我が国において基本的人権の保障、公的資格の付与、公的給付等を受ける上で意味を持つ重要な法的地位でもある。一方、父母の婚姻により嫡出子たる身分を取得するか否かということは、子にとっては自らの意思や努力によっては変えることのできない父母の身分行為に係る事柄である。したがって、このような事柄をもって日本国籍取得の要件に関して区別を生じさせることに合理的な理由があるか否かについては、慎重に検討することが必要である」。

ここで注意すべきであるのは、単に子どもが父母の婚姻を決めることができないだけでなく、国籍が基本的人権を享受する要件となっているからこそ、「慎重な検討」を要するとされていることである。すなわち、あらゆる「社会的身分」は、本人がどうすることもできないものであるが、区別の合理性を厳格に審査するのかどうかは、結果の重大性にかかっている。

いずれにせよ、この「慎重な検討」の結果、国籍取得に区別を設けることの立法目的に「合理的な根拠」がなかったり、立法目的と具体的な区別との間に「合理的な関連性」がなかったりした場合は、その区別は、法の下の平等に反する「差別」として違憲とされることになる。

日本社会との結び付き

それでは、なぜ国籍法３条は、認知だけでなく父母の婚姻による準正を要件としたのだろうか。

主な理由は、「日本国民である父が出生後に認知した子については、父母の婚姻により嫡出子たる身分を取得することによって、日本国民である父との生活の一体化が生じ、家族生活を通じた我が国社会との密接な結び付きが生ずること」に求められ、さらに「国籍法改正の当時には、父母両系血統主義を採用する国には、自国民である父の子について認知だけでなく準正のあった場合に限り自国籍の取得を認める国が多かったこと」も理由に挙げられていた。

最高裁は、このような「日本社会との結び付き」という立法目的自体は合理的であるとするが、合理性の理由については、若干ニュアンスの異なることを述べている。

すなわち、「日本国民を血統上の親として出生した子であっても、日本国籍を生来的に取得しなかった場合には、その後の生活を通じて国籍国である外国との密接な結び付きを生じさせている可能性があるから」、国籍法３条１項は、「日本国民との法律上の親子関係の存在に加え我が国との密接な結び付きの指標となる一定の要件」を設けたものと解され、それゆえ本件区別を生じさせた立法目的自体には、合理的な根拠があるとする。

本来の立法理由は、準正による日本人父との生活の一体化に「日本社会との結び付き」を見出すのに対し、最高裁判決は、「外国との結び付き」が生じている可能性があるから、「日本社会との結び付き」が必要になるとする。しかし、それは、むしろ国籍変動の問題であり、父母の婚姻要件とは無関係であるように思われる。

すなわち、国籍法３条は、(1) 法務大臣に国籍取得届をすること、(2) その国籍取得届の時に子どもが 20 歳未満であること、(3) 父親が子どもの出生の時だけでなく国籍取得届の時にも日本国民であることを要件とする。これらは、すべて出生後の国籍変動に対応するためのものであり、まさに「外国との結び付き」が生じている可能性があるからこそ、必要とされるものであるが、父母の婚姻要件は、それとは次元の異なる問題である。

そもそも「日本社会との結び付き」は、生地主義を思い起こさせる。国籍法３条が血統主義の補完として設けられたことを考えれば、認知によって、法律上の親子関係が成立している以上、さらに「日本社会との結び付き」を求めること自体が過剰だったのではないだろうか。

◆胎児認知や婚外母子関係との比較

最高裁は、判決理由の後半において、日本人父から胎児認知された子どもとの比較について、「日本国民である父との家族生活を通じた我が国社会との結び付きの程度に一般的な差異が存するとは考え難く、日本国籍の取得に関して上記の区別を設けることの合理性を我が国社会との結び付きの程度という観点から説明することは困難である」とする。

また、日本人母の婚外子との比較についても、「父母両系血統主義を採用する国籍法の下で、日本国民である母の非嫡出子が出生により日本国籍を取得するにもかかわらず、日本国民である父から出生後に認知されたにとどまる非嫡出子が届出による日本国籍の取得すら認められないことには、両性の平等という観点からみてその基本的立場に沿わない」とする。

これらのケースと比較すれば、血統主義にそぐわない「日本社会との結び付き」を要件とすることの不合理は、ストレートに導き出せたはずである。しかし、最高裁は、これらのケースとの比較をメインとはせず、補足的な理由とするだけである。それは、後述のとおり、国籍法3条の父母の婚姻要件が当初から不合理なものであった、とすることを避けたかったからであるように思われる。

社会通念や社会的状況の変化

最高裁は、このように曖昧な「日本社会との結び付き」という立法目的を達成するために、父母の婚姻要件を設けたことについても、昭和59年の国籍法改正当時は、一定の「合理的関連性」があったという。

すなわち、「当時の社会通念や社会的状況の下においては、日本国民である父と日本国民でない母との間の子について、父母が法律上の婚姻をしたことをもって日本国民である父との家族生活を通じた我が国との密接な結び付きの存在を示すものとみることには相応の理由があったものとみられ、当時の諸外国における前記のような国籍法制の傾向にかんがみても、同項の規定が認知に加えて準正を日本国籍取得の要件としたことには、上記の立法目的との間に一定の合理的関連性があったものということができる」。

そこでは、再び「社会通念」や「社会的状況」という曖昧な言葉が使われており、各国の国内法制についても、具体例を挙げることなく、漠然と準正要件を設けることが一般的な傾向であったかのように述べられている。

しかし、その後、このような「社会通念」や「社会的状況」に変化が起きたという（下線・筆者）。

「その後、我が国における社会的、経済的環境等の変化に伴って、夫婦共同生活の在り方を含む家族生活や親子関係に関する意識も一様ではなくなってきており、今日では、出生数に占める非嫡出子の割合が増加するなど、家族生活や親子関係の実態も変化し多様化してきている。このような社会通念及び社会的状況の変化に加えて、近年、我が国の国際化の進展に伴い国際的交流が増大することにより、日本国民である父と日本国民でない母との間に出生する子が増加しているところ、両親の一方のみが日本国民である場合には、同居の有無など家族生活の実態においても、法律上の婚姻やそれを背景とした親子関係の在り方についての認識においても、両親が日本国民である場合と比べてより複雑多様な面があり、その子と我が国との結び付きの強弱を両親が法律上の婚姻をしているか否かをもって直ちに測ることはできない。これらのことを考慮すれば、日本国民である父が日本国民でない母と法律上の婚姻をしたことをもって、初めて子に日本国籍を与えるに足りるだけの我が国との密接な結び付きが認められるものとすることは、今日では必ずしも家族生活等の実態に適合するものということはできない」。

この判旨は、逆にいえば、昭和59年の国籍法改正当時は、婚外子の数が少ないという「社会的状況」があり、準正要件を支持する「社会通念」があったこと、日本人父と外国人母から生まれる子どもが少なく、「家族関係の多様化」がそれほど進んでいなかったこと、これらを示唆している。

しかし、婚外子の数などは統計から明らかになるとはいえ、社会通念や家族関係の多様化は想像にすぎない。また、婚外子の数が少なかったというが、これによって差別が正当化されるわけではない。尊属殺重罰規定の違憲判決（最大判昭和48年4月4日）が正しく指摘するとおり、基本的人権を侵害された者の数によって、違憲判断が左右されるわけではない。

また、当時は、まだ婚外子の相続分を婚内子の半分とする民法の規定も、最高裁大法廷により合憲と判断されていた（平成7年7月5日決定。その後、これを違憲とする平成25年9月4日決定が出た）。婚外子の数が増えて、社会通念の変化があったというのであれば、なぜ法定相続分の区別は合憲とされて、国籍取得の区別だけが違憲とされたのだろうか。あるいは、判決の冒頭で述べられているように、国籍が基本的人権を享受する要件となっているから、区別の合理性について慎重な検討を要するという考慮が働いたために、相続分差別よりも早く違憲の判断がなされたとも考えられる。

立法動向の変化

最高裁は、立法動向にも変化があったというが、人権条約の一部の規定を挙げるだけであり、国内立法に至っては、一切具体的な国名を示さない。

「諸外国においては、非嫡出子に対する法的な差別的取扱いを解消する方向にあることがうかがわれ、我が国が批准した市民的及び政治的権利に関する国際規約及び児童の権利に関する条約にも、児童が出生によっていかなる差別も受けないとする趣旨の規定が存する。さらに、国籍法3条1項の規定が設けられた後、自国民である父の非嫡出子について準正を国籍取得の要件としていた多くの国において、今日までに、認知等により自国民との父子関係の成立が認められた場合にはそれだけで自国籍の取得を認める旨の法改正が行われている」。

ここでは、人権条約の差別禁止規定（自由権規約24条1項、児童権利条約2条1項）だけを挙げ、「国籍取得権」に関する規定（自由権規約24条3項、児童権利条約7条1項後段）には一切言及していない。

しかし、前述（第1章第1節）のとおり、これらの規定は、両方が相まって、国籍法における婚外子差別の禁止を根拠づけている。とくに児童権利条約２条１項は、「いかなる差別もなしにこの条約に定める権利を尊重し、及び確保する」というのであるから、明らかに、国籍取得権など、条約の他の規定に定められた権利との関連に言及する必要があった。おそらく最高裁は、国籍取得権を十分に理解できなかったため、あえてこれに言及することを避けたのだろう。

また、後述（本章第５節）のとおり、わが国と同じく血統主義を採用し、婚外父子関係について認知制度を採用する国々は、一貫して認知による国籍取得を認めてきた。最高裁判決は、あたかも準正を要件としていた国々が認知だけにより国籍取得を認めるよう法改正をしたかのようにいうが、これは事実に反する。

違憲の効果

それでは、なぜ最高裁は、当初は父母の婚姻要件という手段が立法目的と合理的関連性を有しながらも、その後の社会や立法動向の変化により、合理的関連性を失った、という論法をとったのだろうか。

一つは、立法権と司法権のバランスを考慮したのだろう。すなわち、憲法上の三権分立を考慮すれば、準正を要件とした立法が最初から誤りであったとするのには、躊躇があったものと思われる。もう一つは、わが国では、通常の裁判所が具体的な事件に関連して違憲審査をする制度となっており、憲法裁判所が抽象的に違憲審査を行うドイツなどとは異なることも関係しているのだろう。

本件でも、「上告人（＝原告・筆者注）が法務大臣あてに国籍取得届を提出した当時には」、父母の婚姻要件という手段と立法目的との合理的関連性は欠けていたとされている。これは、あくまでも当該事件についてのみ、違憲判断を下そうとする姿勢の表れである。

それでは、具体的な救済として、父母の婚姻要件が違憲状態にあることを宣言し、立法府に法改正を促せば足りたのだろうか。最高裁は、これでは不十分とする。ただし、この点については、かなり慎重に論を進めている（筆者の意見書との比較については、奥田・裁判意見書集 120 頁以下）。

まず、国籍法３条が違憲であるからといって、この規定全体を無効とすることは、むしろ立法者の意思に反する。それによって、準正子も国籍取得届が認められないことになってしまうからである。

「国籍法３条１項が日本国籍の取得について過剰な要件を課したことにより本件区別が生じたからといって、本件区別による違憲の状態を解消するために同項の規定自体を全部無効として、準正のあった子（以下「準正子」という。）の届出による日本国籍の取得をもすべて否定することは、血統主義を補完するために出生後の国籍取得の制度を設けた同法の趣旨を没却するものであり、立法者の合理的意思として想定し難いものであって、採り得ない解釈であるといわざるを得ない」。

いずれにせよ、国籍法３条全体を無効とするわけにはいかないので、父母の婚姻要件だけを無効とし、日本人父から認知を受けた子は、さらに準正が成立するかどうかを問わず、すべて国籍取得届ができるものとされる。

「このような見地に立って是正の方法を検討すると、……日本国民である父と日本国民でない母との間に出生し、父から出生後に認知されたにとどまる子についても、血統主義を基調として出生後における日本国籍の取得を認めた同法３条１項の規定の趣旨・内容を等しく及ぼすほかはない。すなわち、このような子についても、父母の婚姻により嫡出子たる身分を取得したことという部分を除いた同項所定の要件が満たされる場合に、届出により日本国籍を取得することが認められる……」。

このような解釈は、東京高裁がいうような裁判所による新たな規定の創設ではなく、国籍法３条の趣旨および目的に沿って、過剰な要件を除いたにすぎず、立法権の侵害とはならない。

「上記の解釈は、本件区別に係る違憲の瑕疵を是正するため、国籍法３条１項につき、同項を全体として無効とすることなく、過剰な要件を設けることにより本件区別を生じさせている部分のみを除いて合理的に解釈したものであって、その結果も、準正子と同様の要件による日本国籍の取得を認めるにとどまるものである」。このような解釈について、「裁判所が法律にない新たな国籍取得の要件を創設するものであって国会の本来的な機能である立法作用を行うものとして許されないと評価することは、……他の立法上の合理的な選択肢の存在の可能性を考慮したとしても、当を得ないものというべきである」。

以上の理由により、最高裁は、具体的な救済を立法府に委ねるのではなく、本件の国籍確認請求を認容するという結論を導いたのである。

第3節　国籍法改正

改正の経緯

法務省は、最高裁判決の翌日、父母の婚姻以外の要件を満たす国籍取得届について、処分を保留するよう求める事務連絡を出した。そのうえで、国籍法改正の作業が進められ、法制審議会の総会において、民事局長から概要の報告がなされた。

その後、閣議決定を経て、改正法案が第170回国会に提出された。実質的な審議は、衆議院法務委員会において二回、参議院法務委員会において二回行われただけで、本会議において可決成立した。この改正法は、平成20年12月12日に公布され、翌年1月1日から施行された。

国会の審議では、「刑法200条の尊属殺規定については、違憲判決が出てから多数の反対もあり、35年間改正されなかった」として、改正法案の早期成立に反対する主張もあった（第170回国会参議院法務委員会議録第5号24頁）。

しかし、尊属殺の場合は、刑法改正までの措置として、違憲判決後の事件を普通殺人罪で処理するよう求める通達が最高検察庁から出され、また判決確定者に対する救済は個別恩赦によって処理する、という方針が法務大臣によって示された。国籍法について、これと同等の措置が可能であるかどうかも検討しないで、単に早期の改正に反対するのは、軽率のそしりを免れない。

たしかに、国会への法案提出前に、行政による対応（通達など）が可能かどうかも検討された（平成20年9月19日の法務大臣記者会見）。しかし、どこまでさかのぼって対応するのかという問題があり、これは、法律によって明確に定める必要があった。現に、この国籍法改正においても、きわめて詳細な経過規定や特例規定が設けられている（改正法附則2条〜9条）。

また帰化は、前述（第2章第3節）のとおり、代替的な救済手段とはならず、尊属殺重罰規定違憲後の恩赦に相当する措置は見当たらない。そもそも昭和59年の国籍法改正により、準正子が届出による国籍取得を認められるようになったのは、帰化では不十分と考えられたからであった（黒木＝細川304頁）。

したがって、早期の国籍法改正の必要性は自明であり、これに反対する主張が退けられたのは、当然であった。

父母の婚姻に代わる要件

さらに最高裁判決の補足意見においても、父母の婚姻要件に代わる新たな要件を追加すべきである、とする主張がみられるが（奥田・裁判意見書集23頁以下）、ここでは、国会審議において主張されたDNA鑑定を要件とする提案を取り上げ、その問題点を明らかにしたい（同書28頁以下）。

すなわち、国立国会図書館の調査によれば、ヨーロッパ12か国では、DNA鑑定が実施されているから、わが国の国籍法3条においても、認知以外にDNA鑑定を要件とすべきである、というのである（第170回国会参議院法務委員会議録第5号15頁以下）。

しかし、この調査は、フランスの2007年移民法改正を部分的に紹介し、フランスの議会資料を独自に要約したその他11か国の一覧表を掲載したものにすぎない（外国の立法237号14頁以下）。移民法とは、わが国の入管法に相当するものである。このように無関係な話を無理やりわが国の国籍法改正に結び付け、しかも移民法の話であることを隠すのは、アンフェアである。

筆者がフランスの議会資料の原文を参照したところ、国会図書館の調査には、二つの重要なポイントが欠落していた。すなわち、DNA鑑定は、親子関係に関する本国の公的証明書がない場合や特定の国に限定するなど、あくまで例外的にのみ実施されていること、および当事者の同意にもとづき任意に実施されていることである。第1のポイントは大部分の国について、また第2のポイントも約半数の国について明記されていたが、反対の例は挙げられていなかった。

フランスの2007年改正移民法においても、DNA鑑定には様々な制約が課されている。すなわち、①申請者が身分登録に問題のある国の出身者であること、②身分登録の証明書が存在しないか、または大使や領事が証明書の信憑性に重大な疑問があるという報告をしていること、③鑑定を受ける者の同意が事前かつ明示的に得られたこと、④大使や領事がナント市の大審裁判所に申立てをして、裁判所が必要と判断した場合に限り、鑑定者を選任すること、これらの要件をすべて満たす必要がある。

以上のとおり、外国の立法というものは、正確に調べる必要があり、かつ移民法と国籍法という分野の違いを無視してはならない。後述（本章第5節）のとおり、わが国と同じく血統主義を採用し、かつ認知制度を採用する国々では、認知された子どもの国籍取得について、DNA鑑定を実施する例は見当たらない。

それにもかかわらず、国会の付帯決議では、「父子関係の科学的な確認方法を導入することの要否及び当否」について、引き続き検討するよう求められた（第170回国会衆議院法務委員会議録第3号19頁、同参議院法務委員会議録第6号1頁）。また後述のとおり、法務省の国籍実務では、認知が裁判ではなく戸籍法上の届出による場合は、DNA鑑定が実施されることがあり、戸籍実務との関係に深刻な問題を生じている。

国籍取得届の手続

国籍法３条は、法務大臣への国籍取得届を求めているが、これがどれほど大変であるのかは、手続の詳細を定めた国籍法施行規則や法務省の通達をみれば一目瞭然である。

改正法の施行が近づいた平成20年12月18日、国籍法施行規則を改正する法務省令が公布され、また昭和59年当時の通達を一部改正する新しい通達（民一第3300号）が発出された。

以下では、改正後の国籍法施行規則を単に「規則」、新しい通達を「国籍通達」とし、とくに重要な点のみを解説する（奥田・国際家族法361頁以下）。

まず、国籍取得届は、届出人が自ら出頭し（規則１条３項）、本人確認および届出意思の確認を受けなければならない（国籍通達第１の1⑵）。戸籍法上の届出（婚姻届など）は、届出人以外の者が使者として提出しても構わないし、郵送でも構わないが、国籍取得届は、それよりも厳しい。

届出人は、子どもが15歳以上の場合は本人、15歳未満の場合は法定代理人である（国籍法18条）。通常、認知だけを受けた子の法定代理人は、外国人母であり、準正子の場合は、共同親権者である父母のいずれかである。

届出の窓口は、子どもの住所が日本にある場合は法務局であり、外国にある場合は在外公館であるが、一時的に日本にいる場合は法務局でも構わない（規則１条１項)。とはいえ、法務局の数は、市町村の窓口と比べれば、圧倒的に少ない。

届出の添付書類は、①日本人父親の戸籍謄本、②子どもの出生証明書、③認知の経緯に関する父母の申述書、④子どもを懐胎した頃の父母の渡航歴、⑤その他実親子関係を証明する資料とされている（規則１条５項）。

①は、認知の成立などを証明する書類、②は、子どもの年齢を証明する書類として当然必要となるが、③と④は、認知の信憑性を再審査するものである。要するに、日本人父親の認知が疑われているのである。その他の書類としては、父母の日本での居住地の証明書や親子の写真なども求められる（国籍通達第１の１(3)）。

昭和59年の通達と同様に、届出は、事前審査をした後に受け付けられる。すなわち、受付は、「事前に届出人の提出すべき書類がそろっているか否か、その記載が整っているか否かを点検し、書類が不足する場合には完備させ、記載に不備がある場合には補正させた上、適法な届出であると認められるときにする」とされている（国籍通達第１の２(2)）。その問題点は、前述（本章第２節）のとおりである。

受付後の調査

受付後の調査としては、届出人または関係者への照会や自宅などへの訪問、父母双方の聴取、出入国記録の取寄せなどがある（国籍通達第１の３）。

ここで注目されるのは、父母双方の聴取である。日本人父親は、親権者として届出人にならない場合も、法務局に出頭し、聴取に応じるよう求められる。ただし、認知が裁判による場合は、これが免除される。

したがって、日本人父親が自ら認知届をするつもりでも、国籍取得届のためには、自分を相手方とする認知の裁判を申し立てさせたほうがよい。これに対して、戸籍法上の届出によった場合は、様々な調査の結果、認知の信憑性に疑いがあるとして、DNA鑑定の実施を求められることがある。

もちろん裁判認知の手続でも、DNA鑑定が実施されるであろうが、それを司法が行うのか、行政が行うのかには、大きな違いがある。

法務局は、さらにDNA鑑定などの結果、認知届が虚偽であると判断した場合は、届出人に対し、国籍取得届が要件を満たさないという通知をするだけでなく、日本人父親の戸籍から認知事項を抹消するため、戸籍法24条3項により、本籍地に通知するとされている（国籍通達第1の5(1)）。

しかし、戸籍法24条3項の通知は、これまでの実務では、戸籍の記載自体から誤りが直ちに分かる場合や、戸籍の記載を誤りとする判決が確定した場合に限定されてきた。したがって、法務局は、むしろ公正証書原本不実記載罪など（刑法157条）で告訴するか、または認知無効確認の訴えを起こすべきである。認知事項の抹消は、個人の身分関係に大きな影響を及ぼすのであるから、司法の判断に委ねるべき問題である（奥田・国際家族法363頁）。

◆認知無効確認の原告適格

認知無効確認の訴えを起こすことができるのは、「子その他の利害関係人」に限られるから（民法786条）、そこでいう「利害関係人」とは、誰であるのかという問題が生じる。日本人男性が自分の子どもでないことを知りながら、フィリピン人妻の連れ子を認知した事件において、認知者自身が「利害関係人」に当たるとして、認知無効確認請求を認容した例がある（最判平成26年1月14日）。さらに、国籍法3条の国籍取得届や入管法上の在留資格に関係する場合には、国も「利害関係人」に含めてよいのではないだろうか。

第４節　残された課題

胎児認知の重要性

国籍法3条による国籍取得届がいかに大変であるのかは、ご理解頂けただろうか。実は届出の弊害は、手続の煩雑さに止まらない。

まず、出生による国籍取得と異なり、届出による国籍取得は、自ら進んで日本国籍を望んだことを意味する。父母が法定代理人として届出をした場合も同じである（第2章第5節）。

しかし、日本の国籍法が「自己の志望によつて外国の国籍を取得したときは、日本の国籍を失う」と規定するように（11条1項）、外国人母の本国からみれば、届出による日本国籍の取得は、「自己の志望」による外国国籍の取得となる。とくに韓国、中国、タイなどが同様の規定を置いているから、国籍法3条の届出をした子どもの大半は、出生により取得した外国国籍を失う可能性がある。

また、国籍取得届をした子どもは、届出の時から新たに日本国籍を取得するだけである（国籍法3条2項）。戸籍に国籍取得日や従前の国籍・氏名（原則として片仮名）が記載されるから、出生により日本国籍を取得した子どもとの違いは、一目瞭然である（図Ⅲの2）。

したがって、胎児認知による国籍取得の重要性は、違憲判決後も変わらない。現に、その後も日本人父親が外国人母親の胎児を認知する届出について、母親の本国法の内容を調べるために、受理照会をした事例は多数ある（奥田・国際家族法295頁）。

◆なぜ外国人母の本国法を調べるのか

日本人父が認知をするのだから、日本法だけを適用すればよいのかといえば、そうではない。認知の要否は、父の本国法によるが（通則法29条1項前段）、認知自体は、子の本国法も選択的に適用される（同条2項前段）。また、子の本国法によれば、父の本国法にないような承諾・同意要件がある場合は、その要件も具備しなければならない（同項後段）。このような要件は、一般に子の保護を目的とするので、「保護要件」と呼ばれる。

しかし、胎児認知の場合は、子どもがまだ生まれていないので、母の本国法をもって子の本国法とみなされる（奥田・国際家族法297頁以下）。そのため、外国人母の本国法を調べる必要がある。たとえば、

図Ⅲの2　国籍取得届をした子どもの戸籍

(1の1)	全部事項証明
本　　籍 氏　　名	東京都千代田区平河町一丁目4番地 甲野　マリ子
戸籍事項 戸籍改製	【改製日】平成19年11月3日 【改製事由】平成6年法務省令第51号附則第2条1項による改製
戸籍に記録されている者	【名】マリ子 【生年月日】平成17年12月25日 【父】甲野義太郎 【母】ベルナール、ルイサ 【続柄】長女
身分事項 出　生	【出生日】平成17年12月25日 【出生地】東京都千代田区 【届出日】平成18年1月4日 【届出人】母
認　知	【認知日】平成22年8月12日 【認知者氏名】甲野義太郎 【認知者の戸籍】東京都千代田区平河町一丁目4番地　甲野幸雄
国籍取得	【国籍取得日】平成22年11月4日 【届出日】平成22年11月28日 【届出人】親権者母 【取得の際の国籍】フィリピン共和国 【従前の氏名】ベルナール、マリア
	以下余白

父母の一方が日本人である限り、胎児認知ができることは明らかであるが、日本法上は、母の承諾を要するところ（民法783条1項）、韓国法上は、これが不要とされている。したがって、日本人男性が韓国人女性の胎児を認知する場合は、母の承諾が不要であるが、韓国人男性が日本人女性の胎児を認知する場合は、保護要件として、母の承諾を要する。

認知届の受付拒否

ところが、その胎児認知が困難になることがある。国籍法3条の違憲判決よりもかなり前になるが、日本人父親が胎児認知届をしようとしたところ、必要書類が揃っていないとして受付が拒否され、その間に、子どもが生まれてしまった、という事件がある（奥田・裁判意見書集151頁以下）。

フィリピン人女性Aは、1988年に入国し、翌89年10月頃に、日本人男性Bと知り合った。91年2月、Aが妊娠3か月であることが分かり、Bが知人と相談したところ、胎児認知をすれば、子どもが日本国籍を取得すると知った。そこで、この知人のアドバイスもあって、Aの出生証明書をフィリピンから取り寄せることにした。わが国のような戸籍制度がない国では、出生届をもとに役所が作成した「出生証明書」が人の身分関係を証明する書類となるからである。

ところが、ちょうどその頃、Aの故郷では、火山の爆発があり、郵便事情が悪化していた。Aの出生証明書が9月に入っても届かないので、Bは、区役所の職員に事情を話し、書類が揃っていないけれども、胎児認知届をしたいと申し出たが、拒否された。そして、ついに9月18日、Aが子どもを出産し、その後、Aの出生証明書が届いたので、9月30日に認知届をした。しかし、この届出は、出生後の認知とされ、子どもの戸籍が作成されなかったので、国籍確認訴訟が提起されたのである（図Ⅲの3）。

図Ⅲの3　胎児認知の受付が拒否された事案

1988年	フィリピン人女性A来日
1989年10月	日本人男性Bと知り合う
1991年　2月	Aの妊娠判明
9月	胎児認知届拒否される
9月18日	A出産
9月末	Aの出生証明書到着
9月30日	認知届

◆受付と受理の区別

戸籍法上の届出は、行政手続法上は、「届出」ではなく「申請」とされる。なぜなら、法令上の要件具備を審査し、受理または不受理の処分をすること、すなわち、「行政庁が諾否の応答をすべきこと」とされているからである（行政手続法2条3号）。しかし、受付は、単に届書などを受領する事実行為にすぎないから、そこで事前審査をして、届書などの受取を拒否することは許されない。また、受付をしなかったら、諾否の応答（受理・不受理の処分）をしないことになるから、その点でも明らかに違法である。

そこで、本件の訴訟を受けて、事務連絡が発出され（平成9年1月8日民二事務連絡）、その後、同じ内容の通知が発出された（平成11年11月11日民二・五第2420号通知）。それによれば、届出があった場合は、その届出が適法かどうかを問わず、いったん届書や添付書類を受領し、その受付年月日を届書に記載した後に、関連法令により届出の審査をすべきであるとされている。そもそも審査をしなければ、届出の適法性を判断できないのであるから、「届出の適法性を問わず」、受付をするのは当然である。この当然のことをわざわざ通知しなければならないのは、受付拒否の実態が市町村の現場で相当広まっているからだろう。

なお、前述（本章第2節）のとおり、行政手続法上も「届出」とされる国籍取得届について、やはり直ちに受付をすべきであると述べた。それでは、行政手続法上の届出と申請は、どこが異なるかといえば、届出の場合は、届出の到達により、届出の効力（国籍取得）が生じたことを前提として、国籍確認訴訟を提起することになるが、申請の場合は、諾否の応答（受理・不受理の処分）を争うことになる。戸籍法上の届出については、家庭裁判所への不服申立ての手続が定められているので（戸籍法121条）、行政事件訴訟を提起することはできないと解されている（東京高判平成23年11月24日）。

当初、国と区役所の側は、Bが91年9月30日以前に認知届のために区役所を訪れたことはないと主張していた。しかし、95年に開かれた第10回口頭弁論において、当時の市民課職員が91年9月30日以前に数度Bを見かけたことがあると証言し、一気に形勢が逆転した。96年の第13回口頭弁論を終えた後、同年11月18日、国側が胎児認知の成立を認めるという内容で、和解が成立した。

嫡出推定との抵触

外国人女性が日本人夫と別居中に、別の日本人男性の子どもを産んで、その後離婚したが、子どもの出生前は、夫の戸籍の記載において婚姻中であったから、胎児認知ができなかった、という事件もある（奥田・裁判意見書集181頁以下）。

◇市町村職員による審査

前述（本章第1節）のとおり、わが国の民法は、夫にのみ嫡出否認権を与え（774条）、出訴期間も、夫が子どもの出生の知った時から1年以内に限定している（777条）。しかし、子どもの懐胎時期に夫婦が完全に別居していた場合など、妻が夫の子を懐胎し得ない事情がある場合には、そもそも嫡出推定が働かないとして、夫との親子関係不存在確認の裁判をしたり、本当の父親に対する認知の裁判をしたりすることができる（最判昭和44年5月29日）。

ところが、市町村職員は、裁判官ではないから、別居などの事情を考慮することはできない（形式審査）。戸籍実務では、日本人夫の戸籍の記載により、婚姻中とされている限り、認知届は、原則として不受理となる。もちろん、嫡出親子関係不存在確認の裁判などが確定していれば、認知届は受理されるが、胎児認知届の場合は、子どもが生まれる前であるから、このような裁判をすることはできない。

韓国人女性Cは、1989年に来日し、日本人男性Dと知り合って結婚したが、翌90年6月頃から別居していた。そして、91年頃に、別の日本人男性Eと知り合って、翌92年9月15日に子どもを出産した。出産当時、Cは、まだDの妻であったから、出生届をしたら、子どもはDの戸籍に入ることになる。しかし、本当の父親はEであるから、Cは、出生届を差し控えていた。

その後、Cは、まず92年11月4日にDと協議離婚し、続いて12月18日に、子どもとDの親子関係不存在確認を求めて、家庭裁判所に調停を申し立てた。これに対し、裁判官は、翌93年4月27日に合意に相当する審判を下し、この審判は、6月2日に確定した。そこで、6月14日、Cが子どもの出生届をし、Eが認知届をした。しかし、子どもは日本国籍を取得していないとされたので、国籍確認請求訴訟が提起された（図Ⅲの4）。

東京地裁は、請求を棄却したが（平成6年9月28日判決）、東京高裁は、本件の特殊な事情を考慮し、国籍法2条1号にいう「出生の時」を柔軟に解釈して、請求を認容した（平成7年11月29日判決）。そして、最高裁も、高裁判決の結論を支持して、国側の上告を棄却したのである（平成9年10月17日判決）。

最高裁判決によれば、戸籍の記載により嫡出推定がない場合は、胎児認知により日本国籍を取得できるのに、嫡出推定がある場合は、胎児認知ができず、その結果、「子が生来的に日本国籍を取得するみちに著しい差があることになるが、このような著しい差異を生ずるよう

図Ⅲの4　嫡出推定との抵触の事案

1989年	2月	韓国人女性C来日
	3月28日	日本人男性Dと結婚
1990年	6月	C・Dの別居開始
1991年		Cと日本人男性Eが知り合う
1992年	9月15日	C出産
	11月 4日	C・D離婚
	12月18日	親子関係不存在確認の調停申立て
1993年	4月27日	合意に相当する審判
	6月 2日	審判確定
	14日	出生届と認知届

な解釈をすることに合理性があるとはいい難い」。

そこで、戸籍の記載により嫡出推定がなければ、胎児認知がなされたであろうと認めるべき「特段の事情」がある場合には、胎児認知に準じて、国籍法2条1号による国籍取得を認めるべきである。ただし、「特段の事情」があるというためには、出生後「遅滞なく」嫡出親子関係不存在確認の裁判が申し立てられ、裁判確定後「速やかに」認知届がなされることを要する。本件では、このような「特段の事情」があったといえるから、子どもは、国籍法2条1号により、日本国籍を取得したものと認められる。

この判決は、一種の合憲的解釈として注目に値するが、これにより、国籍法2条1号にいう「出生の時」は、一段と曖昧になった。

平成10年通達

現に、平成9年の最高裁判決を受けて発出された通達（平成10年1月30日民五第180号）によれば、判決の対象となり得る認知届を受け付けた市町村は、処理照会をすべきであるとする。すなわち、明確な基準を設けることができないので、法務局に指示を仰げというのである。

照会を受けた法務局は、本件と同様に、出生後3か月以内に嫡出推定を排除する裁判が申し立てられ、裁判確定後14日以内に認知届がなされた場合は、子どもが日本国籍を取得したものとして処理するが、裁判の申立てや認知届が本件よりも遅かった場合などは、法務省の指示を求めるものとする。

もとより何をもって、「遅滞なく」裁判が申し立てられ、「速やかに」認知届がなされたのかは、画一的に判断することができない。したがって、どのような回答がなされるのかは、予測が不可能であり、その回答に不服がある場合は、結局のところ、国籍確認訴訟によって争うしかない。

◆出産1日前の離婚

平成9年の最高裁判決は、子どもの出生前には、母親が婚姻中であり、戸籍の記載により嫡出推定があって、胎児認知ができなかった、という事案に関するものであり、平成10年通達も、それを前提としていた。逆にいえば、子どもの出生前に離婚が成立していれば、それがいかに出産間近であり、離婚から300日以内に生まれることが確実であったとしても、胎児認知届は受理されるから、平成10年通達の範囲外になるはずである。ところが、そのような事案でも、出生後になされた認知届を胎児認知届に準ずるものとして、国籍法2条1号による国籍取得を認めた例がある（奥田・国際家族法341頁以下）。

本件では、韓国人女性が日本人夫と別居し、夫の署名捺印のある離婚届書を預かっていたが、夫の最終意思を確認しようとしたところ、夫が所在不明となってしまった。その後、別の日本人男性と知り合い、離婚届を提出したが、その翌日に子どもが生まれた。すなわち、離婚は、出産の1日前であった。そして、出産から8か月あまりを経過した後、親子関係不存在確認の訴えを提起し、判決の確定から4日後に、本当の父親である日本人男性が認知届をしたのである。最高裁は、胎児認知届が受理されるからといって、時間的に無理を強いるのは不合理とし、さらに出生後遅滞なく裁判ができなかったことについても、個別の事情を考慮すべきであるとした（平成15年6月12日判決）。

この判決を受けて、平成10年通達は改正され（平成15年7月18日民一第2030号通達）、子どもの出生前に母親が離婚し、胎児認知届を受理することができたにもかかわらず、出生後に認知届がなされた場合にも、法務省に指示を求めるものとした。

平成11年通知

さらに、平成9年の最高裁判決の事案では、国側は、外国人母親が婚姻中であっても、胎児認知が可能であると主張するために、前述の受付と受理の区別を指示した事務連絡（平成9年1月8日民二事務連絡）および通知（平成11年11月11日民二・五第2420号通知）において、さらに次のような処理を指示したのである。

すなわち、胎児認知の届出があった時に、母親が婚姻中である場合は、ひとまず不受理処分をし、届書などを返却するが、子の出生後に、夫との親子関係不存在確認の裁判が確定し、当初の届書などによって再び認知届がなされた場合は、不受理処分を撤回し、胎児認知届として受理するというのである。

しかし、平成9年の最高裁判決は、このように「不適法として受理されない胎児認知の届出をあえてしておく方法があることをもって国籍取得のみちがあるというのは、適当でない」として、国側の主張を退けた。

たしかに、平成11年通知は、戸籍実務としては、筋が通っているのだろう。しかし、もともと子どもの国籍取得のために、胎児認知が必要であるというだけでも、十分に技巧的であるのに、さらに不受理となるにもかかわらず、届出をすべきであるというのは、明らかに社会通念に反する。

しかも平成11年通知は、平成10年通達と異なり、出生後「遅滞なく」親子関係不存在確認の裁判を申し立てたり、裁判の確定後「速やかに」認知届をしたりすることを求めていない。すなわち、不受理となる胎児認知届さえしておけば、いくら長い年月の後に親子関係不存在確認の裁判や再度の認知届がなされても、不受理処分が撤回されて、胎児認知届として受理されることになる。

このような実務は、あまりにも一般常識とかけ離れているのではないだろうか。

第５節　ヨーロッパ諸国の立法

国籍の安定化

以上のとおり、国籍法上の婚外子差別撤廃への道程は、まだまだ遠い。国籍法３条の父母の婚姻要件を違憲無効とする判決が出たからといっても、出生による国籍取得との差は、歴然としている。嫡出推定との抵触の例をみたら、「国籍法上の父とは何であるのか」と改めて疑問に思うだろう。

平成９年の最高裁判決には、他にも大きな論点が隠されている。それは、本当の父親が日本人であるだけでなく、母親の夫も日本人だったことである。

韓国人母親が親子関係不存在確認の裁判の前に出生届をしていれば、子どもは、日本人夫の婚内子として、戸籍に記載されていたであろう。しかし、親子関係不存在確認の裁判の確定により、出生時にさかのぼって、日本国籍を取得していなかったことになり、戸籍の記載は抹消される。

もし子どもが成年に達した後に、親子関係不存在確認の裁判が確定したら、本当の父親が日本人であっても、もはや国籍法３条による国籍取得届はできない。しかし、母親の夫は、本当の父親ではなかったのだから、仕方ないで済まされるのだろうか。

このような疑問に答えてくれるのは、フランス法である。わが国の認知制度は、もともとフランス法をモデルとしたものであった。そのフランスでは、認知による国籍取得が否定されたことは、一度もなかった（奥田・国籍法と国際親子法152頁以下）。

1804年の民法制定当時は、明文の規定がなかったが、判例学説は、認知による国籍取得を認めていた。89年の改正民法により、未成年の間に認知が成立した子どもの国籍取得を認める規定が初めて設けられ、1927年国籍法に引き継がれた。45年国籍法は、この規定を引き継ぐだけでなく、国籍取得を出生の時までさかのぼらせると共に、本人の行為の効力や第三者の権利を害さないとする規定を新たに設けた。

さらに、73年の改正国籍法では、より広く「親子関係は、子が未成年の間に確認されたときにのみ、子の国籍について効力を有する」と規定された。これによれば、フランス人親の認知による国籍取得だけでなく、フランス人親との親子関係不存在確認による国籍喪失も、未成年の間に限定される。その結果、成年に達した後の国籍の安定化が図られる。そして、93年に再び国籍法が民法に編入された際には、これらの規定がすべて引き継がれたのである。

たしかに、親子関係不存在確認による日本国籍の喪失が未成年の間に限定されたら、悪用される危険もある。たとえば、外国人女性が日本人男性と偽装結婚し、全く婚姻の実態がないのに、生まれてきた子どもを日本人男性の子どもとして届け、子どもが成年に達した後に親子関係不存在確認の裁判をする、という懸念がある。

しかし、このような詐欺的ケースは除くとしても、実態のある婚姻生活後の別居期間中に生まれた子どもが長年日本人として暮らした後、ある日突然、日本人でなかったとされるのには、一定の歯止めが必要である。

親子関係の実態を考慮して、親子関係不存在確認の裁判自体が濫用とされる場合もあるが（最判平成18年7月7日）、さらに親子関係が裁判により否定されても、「国籍の安定化」を図るべき場合があると思われる（奥田・国際家族法336頁以下）。

認知制度と国籍取得の連動

認知による国籍取得に戻れば、ベルギーもこれを否定したことは、一度もなかった（奥田・国籍法と国際親子法 161 頁以下）。

すなわち、1909 年国籍法により、認知による国籍取得を認める規定を設けた後、22 年国籍法も、同様の規定を置き、84 年国籍法では、より一般的に「親子関係は、子が 18 歳に達するか、または未成年解放がなされる前に、確認されたときにのみ、ベルギー国籍について法律上の効力を有する」という規定が設けられた。ただし、84 年国籍法では、ベルギー国籍の得喪は、すべて将来に向かってのみ効力を生じるとする規定も設けられたので、認知による国籍取得は、出生時にさかのぼらない。

さらに、遡及効の有無は明らかでないが、イタリアも認知による国籍取得を否定したことは、一度もなかった（同書 166 頁以下）。

ところが、ドイツは、長らく認知による国籍取得を認めていなかった。それは、1913 年の国籍法制定当時、民法に認知制度がなかったからである（同書 145 頁以下）。

当時の民法では、婚外子は、母親との関係では婚内子と同じ扱いであったが、父親との関係では、扶養請求権があるだけで、親族関係は認められていなかった。いわゆる「支払のための父子関係(Zahlvaterschaft)」である。そのため国籍法でも、ドイツ人父親の婚内子と準正子、ドイツ人母親の婚外子だけが、ドイツ国籍を取得するとされていた。

ところが、69 年の民法改正によって、認知制度が導入された。そこで、74 年の国籍法改正により、ドイツ人父親の認知を受けた未成年の子どもは、簡易帰化が認められるようになり、さらに 93 年の改正により、子どもが 23 歳までにドイツ人父親から認知を受けた場合は、自動的にドイツ国籍を取得するとされたのである。この国籍取得は、出生の時にさかのぼるが、ドイツ国籍を前提とする権利の行使は、認知が成立した時からと解されている。

以上のとおり、わが国と同様に血統主義を採用し、かつ認知制度を採用していた国々では、最初から認知による国籍取得が認められており、一度も廃止されたことがなかった。ドイツでも、認知制度の採用に伴って、認知による国籍取得が認められるようになった。

わが国の民法は、戦前からずっと認知制度を採用していたのであるから、認知された子どもの国籍取得を認めるのは、当然のことである。今後は、さらにヨーロッパ諸国の制度を参考にして、国籍法上の婚外子差別の撤廃に向けた改正の努力が求められる。

◇国籍取得の届出と遡及効

国籍法3条が国籍取得届を要件とするのは、子どもの意思を尊重するためであるとか、外国で認知が成立した場合に、日本国籍の取得が不明になるのを避けるためであるとされている（黒木＝細川305頁）。しかし、母親が日本人である子ども、日本人父の婚内子、日本人父から胎児認知を受けた婚外子は、法律上の親子関係により、その意思にかかわらず、当然に日本国籍を取得する。これらの場合に子どもの意思を考慮しないのは、国籍法が血統主義を採用している以上、当然のことである。また、これらの親子関係が外国で成立した場合は、いつでも日本国籍の取得が不明になるおそれがある。出生後の認知についてのみ、子どもの意思や国籍取得の不明を問題とするのは、筋が通らない（奥田・国際家族法365頁）。

一方、国籍取得の遡及効については、たしかにフランス・ベルギー・ドイツの間で立場が分かれていた。しかし、フランス法は、遡及効を認めながらも、本人の行為の効力や第三者の権利を害さないとする。また、ドイツ国籍を前提とする権利の行使が認知の成立の時からと解されているのも、同様の趣旨であろう。わが国の民法上も、認知の遡及効は、第三者の権利を害することができない（784条）。そうであれば、本国法を準拠法とする身分的法律関係や国籍条項のある公法的法律関係については、第三者の権利を害するとして、遡及効を否定するとしても、前述（本章第4節）のとおり、戸籍の記載から出生後の国籍取得であることが一目瞭然の現状を改善するためには、原則として遡及効を認めるべきである。

第4章　無国籍の防止

第1節　アンデレ事件

無国籍児が生まれる背景

わが国が父系血統主義を採用していた頃に、米軍基地のある沖縄では、米国人と結婚した日本人女性から生まれた子どもが多数、無国籍となったことは、すでに紹介した（第1章第2節）。

これは、米国の移民国籍法が国外出生子の国籍取得を制限し、わが国の国籍法が外国人父・日本人母の子どもの国籍取得を認めていなかったからであり、国籍法の狭間（消極的抵触）から生まれた「法律上の無国籍」であった。

これに対して、昭和59年の国籍法改正後は、外国人女性が日本で子どもを産んで、その後行方不明になり、子どもの出生届がなされていないか、あるいは届出の有無が分からないため、「事実上の無国籍」になる子どもが増えている。

なぜ子どもを置いて、母親が行方不明になるのか。それは、母親が不法滞在であり、日本で働いたり、入管の取調べを免れたりするのに、子どもが足手まといになるからだろう。

不法残留者数は、法務省の推計によれば、1990年には約10万人であったが、わずか数年で30万人近くまで急激に増えた。その後は、取締りの強化により、毎年減少し続けたが、まだ6万人前後はいる

図Ⅳの1　不法残留者数の推計値

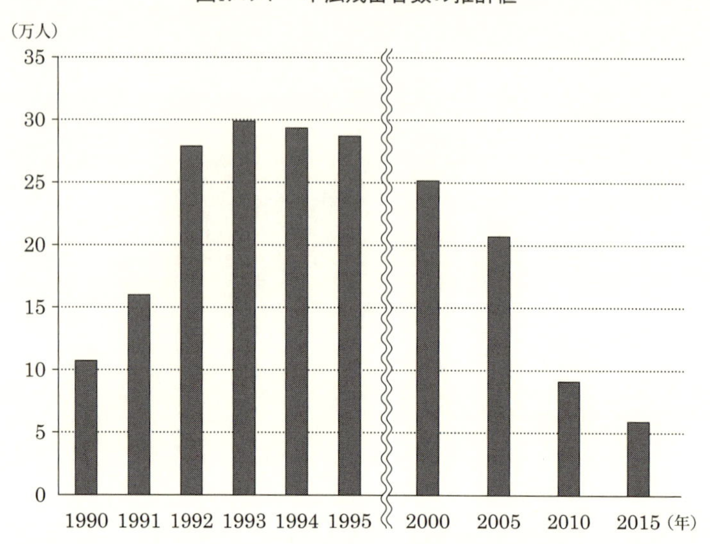

出　典：http://www.moj.go.jp/nyuukokukanri/kouhou/nyuukokukanri01_00013.html

(図Ⅳの1)。

このように不法残留者が急激に増えた1990年代前半に、メディアで大きく取り上げられた裁判として、「アンデレ事件」がある（以下の事実関係は、裁判所の認定以外に、信毎編集局編・アンデレちゃんの1500日によった)。

◆様々な不法滞在

一般に「不法滞在者」とは、入管法24条の退去強制事由のある者を意味する。しかし、この規定は、様々な退去強制事由を定めている。たとえば、入国の際に偽造旅券を使った場合は、「不法入国」であるから、直ちに退去強制の対象となる。これに対して、「不法残留者」とは、当初は合法的に在留していたが、在留期間の満了後も引き続き滞在した者をいう。

最初から就労するつもりで、「短期滞在」や「留学」などの在留資格で入国したのであれば、直ちに不法滞在になると思われるかもしれないが、それは、在留資格の取消原因にすぎない（入管法22条の4）。実際に在留資格の取消処分を受けるか、または在留期間の満了後も滞在し、「不法残留」となることにより、退去強制の対象となる。

不法残留者の数は、後述（本章第2節）のとおり、合法的な在留者として入国した記録があるが、在留期間の満了後も出国した記録がないことから、推計値として公表されている。

アンデレの出生

長野県に住む米国人牧師、リースさん夫妻のもとに、最初の電話がかかってきたのは、1990年9月のことであった。フィリピン人の友人が間もなく子どもを産むのだが、その子どもを引き取ってほしいというのである。結局、リースさん夫妻は、翌91年1月18日の出産に立ち会うことになった。

出産の翌日、リースさん夫妻は、生まれてきた男の子を養子にするため、日本語と英語で書かれた「孤児養子縁組並びに移民譲渡証明書」を用意し、母親にサインを求めた。しかし、母親がサインをしようとしないので、付き添っていた母親の友人が代筆した。そして、1月23日には、母親が病院から行方をくらましてしまった。

◇孤児養子縁組並びに移民譲渡証明書

リースさん夫妻が用意した「孤児養子縁組並びに移民譲渡証明書」には、次のとおり書かれていた（信毎編集局編・アンデレちゃんの1500日6頁）。

「この子の養育が不可能なので、日本国の法律によって永遠にわたり、ウイリアム・リース及びロバータ・リースによる養子縁組を結び、日本から合衆国への移民に関しても、将来何ら異議を申し立てることなく同意したことを、ここに証明します」。

アンデレの養子縁組の詳細は明らかでないが、結論からいえば、リースさん夫妻の本国法である米国の出身州（夫のウイリアムさんはウィスコンシン州、妻のロバータさんはインディアナ州）の法にはよらず、日本法による普通養子が行われたようである。しかし、日本法上の普通養子では、離縁が可能であるから、養子縁組は「永遠」とは限らないし、また実の父母が行方不明である場合には、後見人を選任して、縁組の届出に署名捺印してもらえば足りる。これに対して、米国各州の養子法は、一般に離縁を認めておらず、また厳格に実父母の同意を要求しているから、あらかじめ同意書をもらっておく必要がある。

この証明書には、「日本国の法律によって」と書いてあるが、リースさん夫妻は、むしろ米国法の感覚にもとづいて、養子縁組の同意を求めたものと考えられる。また、リースさん夫妻が再び米国に住むようになった場合には、アンデレのために移民ビザを取得する必要が生じる。そして、日本で養子縁組が成立した場合は、その証明書以外に、実の母親がアンデレを養育できないことや、親権を放棄したことの証明書が移民申請に必要である。そこで、養育が不可能であることや、米国への移民に同意したことが書かれているのである。

このように実の母親が出生届をすることができなくなったので、リースさんは、出産に立ち会った医師に届出人となるよう依頼し、届出用紙に署名捺印をもらった。また、届出欄への記入は、友人の日本人男性に頼み、母親の氏名は「セシリア・ロゼテ」、生年月日は1965年11月21日と書いてもらった。しかし、父親の欄はすべて空白にし、母親の国籍も書かなかった（図Ⅳの2）。

この出生届は、最初は、リースさんが住む長野県北佐久郡御代田町役場に提出されたが、後に、アンデレが生まれた病院の所在地であ

図Ⅳの2　アンデレの出生届（推測による）

出　生　届

平成 3 年 1 月 30 日届出

御代田町　長殿

受理	平成　年　月　日　第　号
送付	平成　年　月　日　第　号

公認印

書類調査	戸籍記載	記載調査	調査票	附　票	住民票	通　知

(1)	生まれた子	子の氏名（よみかた）	りーす　あんでれ ／ 氏 リース　名 アンデレ ／ 父母との続き柄：□嫡出子（□男 □女）　☑嫡出でない子（☑男 □女）
(2)		生まれたとき	平成 3 年 1 月 18 日　□午前 ☑午後　6 時 29 分
(3)		生まれたところ	小諸市〇〇町〇丁目　〇 ~~番地~~ 番　〇〇 号
(4)		住所（住民登録をするところ）	御代田町向原　〇〇 番地 ~~番~~　〇〇 号 ／ 世帯主の氏名　世帯主との続き柄
(5)	生まれた子の父と母	父母の氏名 生年月日（子が生まれたときの年齢）	父　年　月　日（満　歳） ／ 母 ロゼテ，セシリア　西暦 1965 年 11 月 21 日（満 25 歳）
(6)		本籍（外国人のときは国籍だけを書いてください）	番地 番 ／ 筆頭者の氏名
(7)		同居を始めたとき	年　月（結婚式をあげたとき、または、同居を始めたときのうち早いほうを書いてください）
(8)		子が生まれたときの世帯のおもな仕事と	□1 農業だけまたは農業とその他の仕事を持っている世帯 □2 自由業・商工業・サービス業等を個人で経営している世帯 □3 企業・個人商店等（官公庁は除く）の常用勤労者世帯で勤め先の従業者数が1人から99人までの世帯（日々または1年未満の契約の雇用者は5） □4 3にあてはまらない常用勤労者世帯及び会社団体の役員の世帯（日々または1年未満の契約の雇用者は5） □5 1から4にあてはまらないその他の仕事をしている者のいる世帯 □6 仕事をしている者のいない世帯
(9)		父母の職業	（国勢調査の年…　年…の4月1日から翌年3月31日までに子が生まれたときにだけ書いてください） 父の職業　母の職業
	その他		
	届出人		□1.父 □母　□2.法定代理人（　）　□3.同居者　☑4.医師　□5.助産師　□6その他の立会者　□7公設所の長
		住所	~~(4)欄に同じ~~　小諸市〇〇町〇丁目　〇 ~~番地~~ 番　〇〇 号
		本籍	~~(6)欄に同じ~~　同　上　番地 番　筆頭者の氏名　〇〇 〇〇
		署名	〇〇 〇〇　印　昭和 〇〇 年 〇 月 〇 日生

事件簿番号	

る小諸市役所に送付された。出生届は、子どもの本籍地（日本人の場合のみ）、出生地、届出人の所在地のいずれかで行うことになっていたからである（戸籍法25条、51条）。

しかし、母親の国籍が記載されていなければ、子どもの国籍を決定できない。子どもの国籍を決定できなければ、この子どもは戸籍に記載するのか、それとも外国人登録をさせるのかを決めることができない。そこで、小諸市役所は、出生届を受理してよいのかどうかについて、法務局に受理伺い（現在の受理照会）をしたのである。

◆受理照会

戸籍の様々な届出は、市町村の担当職員（法律上は市町村長）が受付をして、審査したうえで適法と判断した場合には、正式に受理される。しかし、事案によっては、事実認定や法律の解釈に疑問が生じて、届出を受理すべきかどうかの判断に迷うことがある。このような場合に、法務局や法務省の指示を仰ぐことを「受理照会」という。受理照会をするかどうかは、事実上、戸籍担当職員の裁量に任されることが多いが、たとえば、父母を無国籍とする出生届があった場合など、あらかじめ通達によって、受理照会が義務づけられていることもある。受理照会は、本来は、法務省（法務大臣）に指示を求めるものであるが（戸籍法施行規則82条）、法務局限りで回答することもある。法務省からの通達や回答は、本書でも必要に応じて引用している。

法務局の担当調査官は、関係者から話を聞くことにした。出産に立ち会った医師、医事課の職員、産婦人科婦長、そしてリースさんである。先の二人は、母親の国籍は分からないと答え、後の二人は、たぶんフィリピン人と答えただけであった。しかし、法務局は、母子ともにフィリピン国籍として受理して差し支えないと回答し、外国人登録でも、アンデレはフィリピン国籍とされた。

たしかにフィリピンは、父母両系血統主義を採用しているし、いずれにせよ父親は、全く不明であったから、母親をフィリピン人と判断した以上、子どもをフィリピン国籍と認定したのは当然のようにも思われる。しかし、そもそも母親をフィリピン人と判断した根拠は、以上のように曖昧な関係者の話にすぎなかったのである。

国籍確認訴訟の提起

この無理な国籍認定は、やがて破綻することになる。リースさん夫妻がアンデレなど養子三人を連れて、米国へ一時帰国しようとしたところ、フィリピン大使館は、アンデレのパスポートの発行を拒否したのである。

新聞社の取材に対し、フィリピン大使館側は、母親のパスポートがなかったし、たとえパスポートがあったとしても、偽造の可能性があるから、母親が現にいなければ、アンデレのフィリピン国籍を認めることは難しいと回答した。要するに、日本政府がアンデレをフィリピン国籍と判断しても、フィリピン政府はそれに拘束されないというのである。

その後、リースさん夫妻は、アンデレを無国籍にすれば、日本政府から再入国許可書が交付されて、米国に渡航できる、という話を友人から聞いた。そこで、御代田町役場などと交渉した結果、アンデレは、「無国籍」として外国人登録をやり直すことになった。

無国籍者の再入国許可書

前述（第1章第1節）のとおり、日本で在留資格を有する外国人が一時的に出国する場合、再入国許可を得ておく必要がある。この許可を受けないで出国したら、せっかく取得した在留資格を失うからである。その再入国許可は、1年以内に再入国する場合は簡易化されたが（入管法26条の2）、それ以上長期にわたり日本を離れる場合は、あらかじめ入管局で再入国許可の申請をする必要がある。通常は、旅券に再入国許可の証印（証印シールの貼付）がなされるが、無国籍者など、そもそも旅券のない者については、冊子体になった再入国許可書が交付される（入管法26条2項）。渡航先の国では、これによって、帰る国がきちんとあることが証明されるので、入国を認めてもらうことができる。このように無国籍者にとっては、再入国許可書が旅券の代わりとなっている。一種の「外国人旅券」である。

それでは、アンデレは、本当に「無国籍」なのだろうか。実は、わが国の国籍法2条3号によれば、「日本で生まれた場合において、父母がともに知れないとき」には、子どもは日本国籍を取得するとされている。

それなら、アンデレは、日本国籍を取得するのではないか。リースさん夫妻が弁護士に相談したところ、この規定の存在を教えられ、裁判で闘っていくよう勧められたので、アンデレの国籍確認訴訟を提起することにした。

ちょうど、その頃から、無国籍児の増加が問題になり始めていた。1990年末の段階で、無国籍児（4歳未満）として登録されている子どもは、74人であったが、これは、あくまでも出生届が出され、外国人登録が済んでいるケースである。

出生届さえもなかったり、外国人登録ではフィリピン人やタイ人とされているが、フィリピンやタイ側がそれを事実上認めていなかったりするケースは、どれ程になるのか、想像もつかない。ある外国人支援団体によれば、長野県内だけで、無国籍や出生未登録の子どもが100人はいるとされていた（1993年3月27日朝日新聞夕刊）。

◆外国人登録上の無国籍

わが国における外国人の在留管理は、長らく市町村における外国人登録によっていた。そして、不法滞在者も外国人登録の義務があるとされていた（最大判昭和31年12月26日）。登録外国人統計によれば、旅券を所持せず、他に国籍を証明する資料がないため、便宜上、「無国籍」となっていた者も多かった。

その後、平成24年（2012年）施行の改正入管法により、外国人登録が廃止され、中長期在留者には在留カード（特別永住者には特別永住者証明書）を交付し、外国人も日本人と同様に住民登録をすることになった（奥田・国際家族法116頁）。そして、登録外国人統計は、在留外国人統計となり、在留カードが交付されない不法滞在者は、除かれることになった。それでも2015年末の段階で、「無国籍」として登録されている子どもは、まだ52人もいる。

第２節 「父母がともに知れないとき」

捨て子（棄児）

わが国の国籍法は、血統主義を原則とし、親子関係によって、子どもの国籍を決定する。しかし、血統によって国籍を決めるためには、少なくとも親の一方が特定されていなければならない。逆にいえば、「父母がともに知れないとき」には、血統によって国籍を決定することができない。

そこで、無国籍を防止するために、このような場合には、子どもが日本で生まれたことを理由として、つまり生地主義を加味して、国籍を与えることにした（補充的生地主義）。国籍法２条３号は、このように無国籍防止のために設けられた規定であった。

それでは、国籍法２条３号にいう「父母がともに知れないとき」とは、どのような場合をいうのだろうか。アンデレは、はたして「父母がともに知れないとき」に当たるのだろうか。

まず、「父母がともに知れないとき」の典型は、「棄児（きじ）」である。一般にいう「捨て子」とは、親などが子どもを捨てることや、そのように捨てられた子どものことであるが、戸籍法では、「棄児」という用語を使っている。「棄児」とは、出生届があったかどうかが不明であり、かつ届出義務者がいない子どものことをいう（明治31年9月22日民刑第972号回答）。

棄児を発見した者、または棄児発見の申告を受けた警察官は、24時間以内に、その旨を市町村長に申し出なければならず、この申出があったときは、市町村長は、氏名をつけ、本籍を定め、かつ棄児発見時の状況などを記載した棄児発見調書を作成しなければならない（戸籍法57条）。そして、この調書が出生届の代わりとなって、子ども一人の戸籍が新たに作成されるのである。

この規定は、国籍法2条3号の適用を前提とする。棄児は、国籍法2条3号により日本国籍を取得するからこそ、戸籍に記載されるのである。しかし、親の出生届にもとづいて、戸籍に記載することはできない。そこで、戸籍法57条は、棄児発見調書にもとづいて、戸籍を作成する手続を定めたのである。

たとえば、アンデレが生まれた1991年、あるタイ人女性が生後4か月の子どもを大阪の難波警察署に連れてきたケースがある。この子どもは、知り合いのタイ人女性から生まれたが、その後、母親の行方が分からないとのことであった。そこで、警察は母親を捜したが、24時間以内に見つからなかったので、棄児発見の申出を区役所にした。そして、区役所では、子どもが預けられた乳児院を本籍地として、区長のつけた片仮名の名前で戸籍が作成された（信毎編集局編・アンデレちゃんの1500日64頁以下）。

このケースでは、子どもは、戸籍法57条にいう棄児に該当するから、迅速に戸籍が作成されたが、なぜアンデレについては、同じような手続が取られなかったのであろうか。

前述のとおり、戸籍実務では、「棄児」とは、出生届があったかどうかが不明であり、かつ届出義務者がいない場合をいう。しかし、病院で生まれた子どもは、父母がいなくても、医師などが届出義務者となる（戸籍法52条3項）。したがって、子どもが生まれた病院が分かっている以上、届出義務者がいるから、棄児としての処理はできなかったのである。

その他のケース

もっとも、「父母がともに知れない」のは、必ずしも戸籍法により棄児として処理された子どもに限らない。

たとえば、戦災孤児など、幼少の頃は、父母と一緒に暮らしていたが、その後、父母が行方不明になったり、死んでしまったりしたケース、さらには貰い子のケースについて、「父母がともに知れないとき」に当たるとした裁判例がある。これらは、現行の国籍法２条３号と内容的に同じである昭和59年改正前の国籍法２条４号や旧国籍法４条を適用したものであった。

(1) 申立人は、第二次世界大戦中、空襲によって家が焼け、父親が死亡し、兄が行方不明になった。そこで、母親に連れられて疎開したが、間もなく母親も行方不明になり、いわゆる戦災孤児となった。申立人は、自分が朝鮮人であると思い込み、一旦は外国人登録をしたが、その後、日本人であると考え直して、就籍許可を申し立てた。これに対し、裁判所は、昭和59年改正前の国籍法２条４号を適用して、昭和10年３月８日生まれとして、就籍を許可した（東京家審昭和41年９月９日）。

(2) 申立人は、生後１歳の頃、育児院に保護された。その後、一時期は里子として引き取られたが、再び児童相談所に措置され、その際に、なぜか朝鮮籍として外国人登録された。申立人は、日本人との婚姻届に先立ち、日本に帰化しようと思ったが、在日韓国大使館から国籍証明を受け取ることができなかったので、日本人として就籍許可を申し立てた。これに対し、裁判所は、昭和59年改正前の国籍法２条４号により、昭和16年８月23日生まれとして、就籍を許可した（東京家審昭和42年８月30日）。

(3) 申立人は、物心がついた頃は、母親と二人暮らしであったが、13歳の頃に家出をした後は、母親とも音信不通となった。その後、本籍を発見することができないので、ひとまず無国籍として外国人登録をしたが、昭和59年改正前の国籍法2条4号に該当するとして、就籍許可を申し立てた。これに対し、裁判所は申立てを認め、大正2年6月22日生まれとして、就籍を許可した（大分家裁豊後高田支審昭和50年1月31日）。

(4) 申立人は、物心がついた頃は、父母と一緒に台湾に住んでいたが、7歳頃に父親が行方不明となり、8歳頃に母親が病死した。その後、申立人は内地に戻り、日本人男性と結婚して、夫の同居寄留人として寄留届をしたが、夫が病死した後、生活保護を受けることができないので、就籍許可を申し立てた。これに対し、原審は申立てを認めなかったが、抗告審は、これを取り消し、旧国籍法4条により、明治36年6月10日生まれとして、就籍を許可した（高松高決昭和51年8月26日）。

◆寄留届

前述（第1章第2節）のとおり、明治4年の「壬申戸籍」は、住所を基準としていたから、住民登録の役割も果たしていた。しかし、やがて人の移動が激しくなってきたので、明治31年の戸籍法からは、本籍は必ずしも住所と一致しなくてもよいことになった。そこで、本籍以外の場所に居住する者を把握するため、大正3年に「寄留法」が制定され、翌年1月1日から施行された。この寄留法によれば、90日以上本籍以外の場所に住所または居所を有する者は、届出または職権によって、寄留簿に記載された。また、本籍がない者、本籍が不明である者、日本国籍を有しない者も、90日以上一定の場所に居住する場合は、同様とされていた。本文にいう寄留届は、この寄留法に基づくものであり、当時は、外国人と日本人が同じ寄留簿に登録されていたのである。

ところが、戦後は、昭和26年の住民登録法により、日本人については、本籍地と住所地が一致するかどうかを問わず、住民登録が行われるようになり、昭和42年の住民基本台帳法に引き継がれた。また外国人については、昭和22年に外国人登録令、昭和27年に外国人登録法が制定され、その居住地で外国人登録が行われることになった。しかし、平成24年施行の入管法改正により、外国人登録が廃止され、中長期在留者には在留カード（特別永住者には特別永住者証明書）を交付し、外国人も日本人と同様に住民登録をすることになった。こうして再び住民登録制度が一本化されたのである（奥田・国際家族法106頁以下）。

(5) 申立人は、生後8か月の頃、在日中国人夫婦にもらわれ、事実上の養子となった。その後、養父母と一緒に中国に住むことになり、養父母は中国で亡くなった。申立人は、日中国交回復後、日本への帰国を希望したが、戸籍が判明しないので、就籍許可を申し立てた。これに対し、裁判所は、申立人が日本で生まれて、父母がともに知れないときに当たるとして、大正14年5月9日生まれとして、就籍を許可した（大阪家審昭和54年1月27日）。

(6) 原告は、生後1か月位の頃、在日台湾人夫婦にもらわれ、実の子どもとして届けられた。しかし、原告はその後、少年時代から親しくしていた日本人夫婦の子どもであるか、そうでなくても日本で生まれて、父母がともに知れないときに当たるとして、国籍確認訴訟を提起した。これに対し、東京地裁と東京高裁は、いずれも旧国籍法4条を適用して、原告が昭和3年に生まれた時から、日本国籍を取得していたと判断した。とくに東京高裁では、この規定の適用を棄児に限定することは、無国籍者の発生を防止しようとする規定の趣旨に反するとされた（東京地判昭和57年7月28日、東京高判昭和58年6月29日）。

◇就籍許可の申立てと国籍確認訴訟

以上のケースも、出生届があったかどうかが不明であり、かつ届出義務者がいない点は、戸籍法57条にいう「棄児」と同じであるが、「棄児」という言葉が示すように、就学年齢に達している場合は、「棄児」としての処理はできないと解されている。このように戸籍法57条にいう「棄児」には該当しないが、出生届を行うべき父母やその他の届出義務者が不明または死亡している場合に、戸籍を作成する方法は二つある。

一つは、家庭裁判所への就籍許可の申立てである。就籍許可の審判があった後、審判書の謄本を添付して、就籍届をすることにより、戸籍が作成される（戸籍法110条）。もう一つは、国を相手とする国籍確認訴訟である。国籍確認の判決があった後、判決書の謄本を添付して、就籍届をすることにより、戸籍が作成される（戸籍法111条）。

ところが、明らかに日本人でない者について、就籍許可の審判があっても、就籍の届出は受理できない（昭和30年2月15日民事甲第289号通達）。また、就籍許可の審判にもとづいて就籍した者が、外国人であることが判明して、外国人登録法違反の判決を受けた場合には、戸籍が抹消される（昭和35年6月17日民事甲第1513号回答）。逆に、就籍許可の申立てが却下されても、その後、国籍確認訴訟を提起して勝訴した場合には、これにもとづく就籍の届出は受理される（昭和31年7月14日民二発第381号回答）。

このように、最終的な国籍確認は、やはり国籍確認訴訟によるのであり、就籍許可の審判は、国籍確認としての効力まではない。しかし、就籍許可の審判でも、申立人が日本国籍を取得しているかどうかは、前提問題として判断されているから、それを一概に無視するわけにはいかないだろう。

以上のとおり、国籍法2条3号にいう「父母がともに知れないとき」は、必ずしも棄児に限らない。したがって、アンデレの場合も、戸籍法57条の「棄児」に当たらないからといって、当然に国籍法2条3号の適用が否定されるわけではない。

これに対して、母親は、外国人である可能性が高いから、アンデレに日本国籍の取得を認めるのは、おかしいのではないか、という疑問が湧くかもしれない。しかし、母親が外国人である可能性が高くても、現に行方不明である以上、その国籍にもとづいて、アンデレの国籍を決定することはできない。

上記の裁判例でも、本人は、自分が朝鮮人であると思い込んでいたり、物心がついた頃には台湾に住んでいたり、在日の外国人夫婦にもらわれたりしており、実の親が外国人である可能性を窺わせるような事情があった。しかし、無国籍の防止という立法趣旨を尊重するならば、親が外国人らしいという理由だけでは、国籍法2条3号の適用を否定することはできないのである。

アンデレ事件の争点

アンデレの裁判では、これまでに議論されたこともないような問題が争点になった。それは、原告が「父母がともに知れない」ことを立証すべきか、それとも被告が「父または母が知れている」ことを立証すべきか、という立証責任の問題である。

◆立証責任

裁判では、請求は認容されるか、棄却されるかのどちらかであり、シロ・クロいずれかの決着がつけられる。本件では、アンデレの日本国籍が確認されるか、否定されるかのどちらかであり、「どちらともいえない」という判決は下されない。ところが、真実は一つというものの、アンデレが「父母がともに知れないとき」という要件に当たるかどうか分からないという事態が起こり得る。このような真偽不明の状態になったときに、不利益（つまり敗訴という結果）を受けるほうの当事者が立証責任を負っている。このように立証責任は、直接的に裁判の勝敗に結びつくため、どちらの当事者が立証責任を負うのかという問題は、裁判の重要なポイントになる。

原告側は、一般に「知れない」ことの証明は、「悪魔の証明」と呼ばれるほど困難であるから、むしろ被告の国側が「父または母が知れている」ことの立証責任を負うべきである、と主張した。これに対して、国側は、原告が国籍法2条3号の適用を主張しているのであるから、「父母がともに知れない」ことの立証責任を負うのは当然である、と反論した。さらに、国側は、母親の「セシリア・ロゼテ」に関する様々な情報を集めてきた。

外国人出入国記録（EDカード）によれば、フィリピン国籍の「ROSETE, CECILIA, M」（1960年11月21日生まれ）が、1988年2月24日に、フィリピンから入国しており、「Cecillia m Rosete」と署名していた。在留期限は、1988年3月10日とされていたが、まだ出国の記録はなかった。

◆外国人出入国記録

EDカード（embarkation disembarkation card）ともいう。アンデレ事件の当時は、外国人の入国記録、出国記録、再入国出国記録（あらかじめ再入国許可を得た者）の三種類であり、その後、2009年（平成21年）の入管法改正により、みなし再入国の制度が設けられ（第1章第1節）、再入国出国記録の様式が変更された。

しかし、2016年4月からは、出国記録が廃止され、単純出国の場合（従来の在留資格は消滅する）または再入国予定の場合（有効期間内に再入国すれば、従来の在留資格は維持される）のいずれであっても、再入国出国記録のカードを提出することになった。具体的には、再入国出国記録のカードにおいて、「一時的な再入国であり、再入国する予定です」または「再入国許可の有効期間内に再入国の予定はありません」のいずれかにチェックをするようになった。法務省が1988年から公表している不法残留者数の推計値は、これまで入国記録と出国記録によっていたが、今後は、入国記録と再入国出国記録によることになる。

図Ⅳの3 セシリア・ロゼテに関する書類の不一致

	出生年月日	氏 名	署 名
EDカード	1960年11月21日	ROSETE, CECILIA, M	Cecilia m Rosete
旅券発行記録	11月21日	CECILIA MERCADO ROSETE	
ロゼテ出生証明	1960年11月21日	Cecilia Rosete	
アンデレ出生証明	1965年11月21日		
養子・移民証明			Ma CEcilia ROSETE
入院証書	65年11月21日	Cecilee M. Rosete	
		Cecille M. Rosete	

フィリピン政府の記録によれば、1987年10月26日、申請者「CECILIA MERCADO ROSETE」に対し、旅券が発行されていた。ただし、生年の記載がなく、11月21日生まれとだけ書かれていた。また出生地は、「Talavera, Nueva Ecija」とされていた。このNueva Ecija州のTalavera市の出生証明書によれば、1960年11月21日に、Cecilia Roseteが出生していた。

国側は、これらの記録にあるフィリピン国籍の「セシリア・ロゼテ」こそが、アンデレの母親であり、それゆえ母親が知れているから、国籍法2条3号の適用はないと主張した。

これに対して、原告側は、これらの情報の様々な矛盾点を指摘した（図Ⅳの3）。

まず、病院の医師が記入したアンデレの出生証明書では、母親の生年月日が1965年11月21日となっていたが、EDカード（およびロゼテの出生証明書）では、1960年11月21日となっている。つまり月日は一致しているが、生年は5年も開きがあった。

また、EDカードの署名は、「Cecillia」というように、エル（l）が一つ多くなっているし、「孤児養子縁組並びに移民譲渡証明書」の署名は、本人のものでないとはいえ、「Ma CEcilia ROSETE」となっていた。また入院証書の氏名欄には「Cecilee M. Rosete」あるいは「Cecille M. Rosete」と手書きされ、生年月日欄には「65年11月21日」と記されていた（ただし、誰がこの記載をしたのかは不明である）。

さらに、EDカードによれば、「ロゼテ」は、1988年に入国したことになっているが、アンデレの母親は、91年の入院時にも、片言の英語と身振りでしか意思を伝えることができなかった。三年間も日本に住んでいれば、少しくらい日本語ができてもよいはずである。そもそも偽造旅券や他人の旅券を利用した不法入国が増えているから、入国審査手続は完全ではないし、フィリピンの旅券発行記録についても、生年が記載されていないなどの疑問点がある。

原告側は、このような理由から、フィリピン国籍の「セシリア・ロゼテ」がアンデレの母親と同一人物であるとは考えられない、と主張した。これに対して、国側は、原告側の主張を「根拠の薄弱な想像にすぎず」、アンデレの母親と「セシリア・ロゼテ」の同一性を覆すには足りない、と反論した。

第3節　逆転勝訴の最高裁判決

立証責任の一般的ルール

以上の主張に対し、東京地裁は原告勝訴の判決を言い渡したが（平成5年2月26日判決）、東京高裁は逆転敗訴の判決を言い渡した（平成6年1月26日判決）。しかし、最高裁は、再逆転の勝訴判決を下したのである（平成7年1月27日判決）。

このように裁判所の判断が二転三転したのは、立証責任の分配に対する考え方が異なったからである。この点については、まず立証責任の一般的なルールから説明したい。

国籍法2条3号の要件は、「父母がともに知れない」ことであり、この事実をAとし、「父または母が知れている」という反対の事実を

Ｂとする。さらに「父母がともに知れない」ことを窺わせる事情をαとし、「父または母が知れている」ことを窺わせる事情をβする。本件では、父親が全く不明であり、母親も出産後に行方不明になった状況がαに当たり、入国記録などの「セシリア・ロゼテ」に関する情報がβに当たる。

さて、立証責任の一般的なルールによれば、被告が主張しているとおり、原告がＡについての立証責任を負う。なぜなら、原告が国籍法２条３号の適用を求めているからである。しかし、原告がＡという事実を窺わせるαという事情を証明したのに、被告が反証しなければ、Ａという事実の蓋然性が高いとされ、Ａが立証されたことになる。

ところが、被告が反対の事実であるＢを窺わせるβという事情を証明した場合には、結局、Ａは真偽不明ということになり、被告は反証に成功したことになる。この場合、被告は、Ｂそのものを立証する必要はなく、βを証明すれば足りるのである。東京高裁判決は、このような立証責任の一般ルールを述べたものであった。

「自己が日本国籍を有することの確認を求める訴訟においては、自己に日本国籍があると主張する者が、国籍取得の根拠となる法規に規定された要件に自己が該当する事実を主張立証しなければならないものであり、本件要件についてもこれと異なるところはないと解するのが相当である」。

「したがって、挙証責任のある被控訴人（＝原告・筆者注）が『父母がともに知れない』ことを窺わせる事情を立証しても、相手方である控訴人（＝被告・筆者注）において『父又は母が知れている』ことを窺わせる事情を立証し、一応父又は母と認められる者が存在することを窺わせる事実を立証したときは、『父母がともに知れない』ことについての証明がないことになるというべきである」。

このように述べて、東京高裁は、病院に残された書面と入国記録などの間で、食い違いがあることを認めつつも、「セシリア・ロゼテ」とアンデレの母親は同一人である蓋然性が高いとした。すなわち、国側が十分に反証を尽くしたのであるから、国籍法2条3号は適用されないとしたのである。

立証責任の転換

これに対して、東京地裁と最高裁は、同じく原告がAについての立証責任を負うとしながらも、原告がαを証明した場合には、被告は反証として、βを証明しただけでは足りず、「父母を特定する責任」があるとした。これは、実質上、被告がBの立証責任を負っているのと同じであり、立証責任を原告から被告に転換したといえる。

それでは、なぜ立証責任の転換が認められたのであろうか。その理由は、「無国籍の防止」という国籍法2条3号の立法趣旨にある。

立証責任の一般的なルールによれば、たしかに被告は、βを証明してAを真偽不明にまで持ち込めば、反証に成功する。しかし、真偽不明とは、AでもなくBでもない、つまり「父母がともに知れない」ともいえないし、「父または母が知れている」ともいえない状態である。

このような状態では、父母の血統によって、子どもの国籍を決定することはできない。そこで、東京地裁と最高裁は、「無国籍の防止」という国籍法2条3号の立法趣旨を立証責任の分配に反映させ、被告の側に「父母を特定する責任」を負わせたのである。最高裁判決は、次のとおり述べる。

「法2条3号の『父母がともに知れないとき』という要件に当たる事実が存在することの立証責任は、国籍の取得を主張する者が負うと解するのが相当であるが、出生時の状況等その者の父母に関する諸般の事情により、社会通念上、父及び母がだれであるかを特定することができないと判断される状況にあることを立証すれば、『父母がともに知れない』という要件に当たると一応認定できるものと解すべきである」。

「そして、……ある者が父又は母である可能性は高いが、なおこれを特定するには至らないときも、法２条３号の要件に当たると解すべきであることからすると、国籍の取得を争う者が、反証によって、ある者がその子の父又は母である可能性が高いことをうかがわせる事情が存在することを立証しただけで、その者がその子の父又は母であると特定するには至らない場合には、なお右認定を覆すことはできないものというべきである」。

最高裁判決は、このように述べた後、「ロゼテ」とアンデレの母親の同一性に疑いを抱かせるような事情があることは、高裁判決自体が認めているから、「ロゼテ」がアンデレの母親であると特定されるには至っていないと判断した。すなわち、国側の反証が不十分であるとして、国籍法２条３号の適用が認められたのである。

ちなみに、最高裁判決の後、アンデレ一人の戸籍が作成されたが、それは、就籍届によるものではなく、出生届の内容を修正する追完届によるものであった（戸籍法45条）。すなわち、最高裁判決により、アンデレを戸籍に記載できるようになったので、判決謄本により出生届の不備が補完されたという形をとったのである。

最高裁判決の意義と限界

本件は、国籍法２条３号に関する初めての最高裁判決として、きわめて重要であるし、本件の事実関係のもとでは、妥当な結論を導いたと評価することができる。しかし、その判決理由は、事実関係の異なる他の事件でも、十分に通用するものかどうかに疑問がある。つまりあと一歩進める必要があったといえる。

まず、最高裁判決は、様々な書類が完全に一致していないことを理由として、アンデレの母親が特定されていないと結論づけた。しかし、仮にこれらの書類が完全に一致したり、旅券などが残っていたりしたら、母親は特定されていたといえるのだろうか。それとも母親が行方不明である限り、書類が残っていても、母親は特定されないのだろうか。最高裁判決は、父母の特定方法を具体的に示していないから、この点が明らかでない。

原告側が主張するように、近年は、偽造旅券や他人の旅券を利用した不法入国が増えているから、旅券などの書類は、本人と照合しなければ、本物であるかどうかは分からない。これは、フィリピン大使館の新聞取材でも、指摘されていたところである。そうであれば、最高裁は、このような書類の不一致ではなく、端的に母親の所在不明を理由とすべきではなかったのだろうか。最高裁判決は、国側に父母の特定責任を負わせたが、父母の特定方法は、今後さらに争いの種となるおそれがある。

現に法務省側は、判決後の取材に対し、次のとおり述べている（信毎編集局編・アンデレちゃんの1500日120頁、125頁）。

「最高裁判決は厳しく受け止めるが、国籍の問題は個々のケースによって異なる。判決を受けて特別な対応をするつもりはない」。

「母親が行方不明になった場合でも、パスポートが残っていたり、パスポートのコピーが残っている時もある。つまり母親に関する資料の内容によって、母親の国籍を特定できることもあれば、できないこともある。ケースバイケースで対応していくことになる」。さらに、「アンデレちゃんについては、われわれの判断が間違っていたことになるが、国籍付与の対応は基本的に、これまでと何ら変わることはない」。

つぎに、最高裁判決は、立証責任を転換する要件として、出生時の状況などにより、社会通念上、父母が誰であるのかを特定できない状況にあることの立証を求めている。しかし、いかなる場合にも、出生時の状況などが明らかであるとは限らない。たとえば、出生届から年月が経ち、父母以外の義務者として出生届をした者（同居者、出産に立ち会った医師など）が所在不明となるか、死亡したことなどにより、出生時の状況が確認できない事態も予想される。

これに対して、「裁判所に『父母がともに知れない』との心証を抱かせるような状況事実を主張も立証もしないのに、日本国籍の取得を認めることになるような解釈は、法2条3号の文理からは採り難い」とする見解がある（綿引・ジュリスト227頁）。しかし、むしろ端的に「父母のいずれかが知れている」ことの証明責任を国側に負わせ、原告がこれを真偽不明に持ち込めば、反証に成功したと解するべきではないだろうか。このように予想されるあらゆる事態に対応できる解釈が求められる（奥田・国際家族法351頁）。

第4節　児童養護施設の無国籍児

父母の状況と国籍認定

筆者は、かつて2000年末および2009年の二回にわたり、全国の児童相談所を対象として、国籍や在留資格に問題を抱えている子どものアンケート調査を実施したことがある。

以下では、2009年の調査結果をもとに、児童養護施設などに措置された子どもが事実上または法律上無国籍となっている実態を紹介したい（奥田ほか・養子縁組あっせん249頁以下。2000年末の調査結果については、奥田・数字でみる子どもの国籍と在留資格）。

◇要保護児童の保護措置

児童福祉法は、保護者のいない児童または保護者に監護させることが不適当と認められる児童を「要保護児童」とし（6条の3第8項）、児童相談所への通告義務を課している（25条本文）。そして、児童相談所長は、措置が必要と判断した場合には、都道府県知事に報告し（26条1項1号）、乳児院や児童養護施設などへの入所、里親委託などの措置をとる（27条1項3号）。乳児院は、1歳未満の乳児を対象とし、児童養護施設は、1歳以上の幼児および少年（18歳未満）を対象とする。これらの施設に入所させられた児童は、親の引取りや里親委託などにより退所することもあるが、18歳まで入所し続けることも多い。

アンケート調査では、全国201の児童相談所のうち88か所から回答があり、うち国籍や在留資格に問題を抱えている子どもがいるため、分析の対象となったのは、37か所の児童相談所151名分の回答である。

「父母の一方が日本人である」と回答したのは、63名であるが、とくに「父が日本人である」という回答では、その信憑性が疑わしいものがある。注目すべきであるのは、「父母が双方とも外国人である」と回答したものが52名、「母が外国人であり、父が不明である」と回答したものが32名もいるという事実である。さらに「父母ともに不明である」と回答したものが４名いる。

「父母が双方とも外国人である」というが、子どもの外国国籍の取得が確認されているのは、在外公館への出生届が済んでいる17名、および本国で生まれた後に来日した５名にすぎない。「父が不明であり、母が外国人である」というケースでも、在外公館への出生届が確認できているのは、４名にすぎない。

仮に親が南米諸国の国民である場合は、本国への届出が子どもの国籍取得の要件となっている可能性があるし、親の本国が血統主義を採用している場合も、本国への届出によって、子どもの国籍取得の確認を受けていなければ、後に親が行方不明となったら、対応に困るだろう（第１章第４節・第５節）。

「父母がともに不明である」というケースでは、母親が子どもを産んだ病院が分かっていれば、医師などの出産立会者が届出人となり、母親を「不知」とする出生届をすることにより、子どもの戸籍を作成できる可能性がある。しかし、そのような出生届はなされていないようである。なかには、子どもの推定年齢が10歳を超えており、生まれた病院も分からないので、就籍許可審判の申立てをすべきであるのに、そのまま放置されているケースもある。

◆届出事項の不知

前述（本章第2節）のとおり、父母が行方不明である場合も、医師などが届出義務者となるから、子どもが生まれた病院が分かっている以上は、棄児としての処理をすることはできない。しかし、父母以外の届出義務者は、正確に父母の氏名などを知っているとは限らない。たしかに、出産に立ち会った医師は、出生証明書を作成する必要があり（出生届と同じ用紙に記入欄がある）、健康保険証があれば、少なくとも母親の氏名や生年月日などを知ることはできる。しかし、アンデレの母親のように、不法滞在の外国人らしい女性が出産した場合は、本人が入院証書に記載した内容に頼るしかない。

そこで、届出人は、知らない事項がある場合は、「不知」と記載することが認められている（戸籍法34条1項)。したがって、父母に代わって出生届をする者は、曖昧な情報にもとづいて母親の氏名や国籍などを記載しないことが求められる。ただし、母親が日本人である場合は本籍地、母親が外国人である場合は国籍が記載されていなければ、子どもの国籍を認定できないので、そのままでは出生届は受理できない（同条2項)。

このような理由から、アンデレのケースでは、法務局の職員が関係者から話を聞いたのである。その後、さらに出入国記録などを調査することになったが、該当者がいなければ、国籍法2条3号により、子どもの戸籍を作成できる可能性が出てくる。また、出生届に母親の氏名や国籍などを記載してしまった場合も、これらを「不知」と変更する旨の追完届をすることにより（戸籍法45条)、同様の処理が可能となる。

児童相談所職員の認識

父母の一方が日本人であるからといって、子どもが日本国籍を取得するとは限らない。前述（第3章第1節）のとおり、父のみが日本人である場合は、出生の時に外国人母との婚姻が成立していなければ、婚外子であるから、出生前の胎児認知または国籍法3条の届出が必要である。

このような国籍法の専門知識がないとしても、せめて戸籍の記載くらいは確認すべきだろう。しかし、「父が日本人であり、母が外国人である」という子ども53名のうち、「日本国籍である」という回答があったのは24名であるが、その理由を尋ねたところ、「戸籍があるから」は9名にすぎず、あとは「日本で生まれたから」が13名、「親が日本人であるから」が2名であった。これでは、確実に子どもが日本国籍を取得しているかどうかは分からない。

また、「父母が双方とも外国人である」という子ども52名、および「母が外国人であり、父が不明である」という子ども32名についても、外国国籍の確認方法が問題である。前者の52名のうち、「本国の証明書があるから」と回答したのは11名にすぎず、あとは「外国人登録の記載」が27名、「親が外国人であるから」が12名である。後者の32名についても、「旅券」が3名、「外国人登録の記載」が12名、「母の国籍」が11名であった。

「本国の証明書」も、その内容が問題である。ブラジルでは、1994年から2007年までは、たとえ親がブラジル人でも、国外出生子が国籍を取得するためには、ブラジルへの帰国およびブラジル国籍の選択手続が要件とされていた。当時も、ブラジル領事館への出生届により、旅券の発給を受けることはできたが、「ブラジルにおける居住および連邦裁判官の面前におけるブラジル国籍の選択手続の要件を満たさなければ、ブラジル国籍を取得しない」旨が記載されており、外国人旅券にすぎなかった。すなわち、本国の証明書が旅券である場合には、「国民旅券」であるのか、それとも「外国人旅券」であるのかまで確認する必要がある。

ましてや、外国人登録には、日本政府が認定した国籍が記載されているにすぎない。日本で生まれた子どもの場合、旅券を確認できなかったら、出生届に記載された父母の国籍により、子どもの国籍を認定するだけである。この認定は、もちろん本国政府を拘束するものではない。アンデレ事件をみても分かるように、本国政府が自国民であることを認めない場合には、事実上の無国籍状態が生じることになる。

さらに、「父母がともに不明である」という子ども4名のうち、3名は「無国籍」と回答し、1名は「日本国籍」と回答している。後者も、戸籍を確認したわけではなく、「日本で生まれたから」というだけであるから、国籍法2条3号を正確に理解しているのかどうかは分からない。

子どもの処遇

151名のうち71名は、すでに児童養護施設などから退所したが、80名は、まだ入所中である。

退所したのは、親の引取りなどによる場合もあるが、29名は、国外への退去強制である。親が入管局に収容されている間、警察や入管局から子どもの保護が依頼されるようである。また、現在入所中の子どもについても、今後の処遇として、入管局への出頭を挙げているものがあるが、これらは、国外退去というよりも、むしろ「在留特別許可」を目指しているようである。

◆退去強制手続と在留特別許可

不法滞在の外国人を国外退去にする手続は、長引くことがある。入国警備官の違反調査に始まり、入国審査官に引き渡されて、その審査を受けるが、認定に異議がある場合は、特別審理官の口頭審理を請求し、その判定に異議を申し出た場合は、さらに法務大臣の裁決を受ける（入管法27条〜49条）。法務大臣は、異議の申出に理由がないと認める場合でも、様々な事情を考慮して、「在留特別許可」をすることがある（入管法50条）。この在留特別許可については、ガイドラインが法務省のウェブサイトで公表されている。

注目すべきであるのは、養子縁組を目指すケースが幾つかみられることである。「父が日本人であり、母が外国人である」という子ども2名、「父母の双方が外国人である」という子ども2名、「母が外国人であり、父が不明である」という子ども2名、「父母がともに不明である」という子ども1名について、このような回答がなされている。しかし、在留資格や国籍に問題を抱える子どもの養子縁組がいかに困難であるのかは、十分に認識されていないようである。

まず、不法滞在の状態にある場合は、養子縁組を成立させたからといって、「在留特別許可」が認められる保証はないから、日本人養親と一緒に暮らすことができなくなるおそれがある。したがって、まず子どもを入管局に出頭させて、「在留特別許可」を目指すべきである。

また、養子縁組自体の成立についても、基本は、養親の本国法である日本法によるが、養子の本国法が裁判などを要件とする場合は、その要件も具備しなければならない（第1章第1節）。もともと日本法上も、6歳未満の子を対象とする特別養子は、家庭裁判所の審判により成立するし、普通養子の場合も、子どもが未成年者であれば、家庭裁判所の許可審判を要するが、それでも養子の本国法を調査するため、子どもの国籍を確定させる必要がある。

以上のとおり、在留資格や国籍の問題を解決しなければ、養子縁組どころか、今後の生活にも支障が生じるだろう。平成28年の児童福祉法改正により、児童相談所への弁護士の配置が義務づけられたが（12条3項）、これは、主に児童虐待への対応を念頭に置いているようである。しかし、国籍や在留資格の問題に対応できる弁護士の需要があることも認識すべきであるし、さらに児童相談所の職員による書類の確認や入管局との連携など、検討すべき課題は山積している（奥田ほか・養子縁組あっせん301頁以下）。

第５節　ヨーロッパ諸国の立法

わが国と同様に血統主義を採用するヨーロッパ諸国をみれば、補充的生地主義を採用する立法例には、大きく分けて二つの種類がある(奥田・国際家族法355頁以下)。

一つは、自国の領域内で発見された「棄児」について、反証がない限り、自国民の子どもと推定する国である（オランダ、オーストリア、ドイツ)。もう一つは、血統主義によれば、子どもが無国籍となるおそれがある場合に、自国における出生により国籍取得を認める国である（フランス、イタリア、ベルギー、スペイン)。わが国の国籍法２条３号は、後者に属する。ただし、これらの無国籍防止規定においても、変遷がみられる。

たとえば、フランスの1889年改正民法および1927年国籍法は、わが国の国籍法と同様に、「フランスで生まれ、かつ父母が知れない者、または父母の国籍が知れない者」をフランス人としていた。しかし、その後数度の改正を経て、現行民法の国籍規定では、「無国籍の父母からフランスで生まれた子」または「外国人の父母からフランスで生まれ、かつその外国法により、父母のいずれの国籍も付与されない子」は、フランス人とされている（フランス民法19条、19条の1)。父母が判明していても、子どもが父母の国籍を取得しない限り、フランス国籍を付与する点では、わが国の国籍法２条３号よりも、無国籍防止の範囲が広い。

同様の改正は、他の国でもなされている。たとえば、イタリアの1865年民法は、父母がともに知れない場合にのみ、補充的生地主義を認めていたが、早くも1912年の国籍法において、父母がともに知れない場合、または無国籍である場合だけでなく、父母の本国法により子が国籍を取得しない場合が含められ、現行の1992年国籍法に至っている（イタリア国籍法１条１項b号)。スペイン法の変遷も、ほぼ同様である（スペイン民法17条1項c号・d号）。

最も斬新であるのは、ベルギーの1984年国籍法である。それによれば、ベルギーで生まれ、成年に達するまでに、ベルギー国籍を取得しなかったら、無国籍となる者は、すべてベルギー人とされる（ベルギー国籍法10条）。これは、単刀直入に無国籍の防止を明らかにした規定として注目される。

わが国でも、昭和59年の国籍法改正の際には、ベルギーと同様に、無国籍の防止を徹底するため、わが国で生まれ、かつ日本国籍を付与しなければ無国籍となる子どものすべてに日本国籍を付与する規定が検討されたが、少なくとも父母の一方が外国国籍を有している子どもは、親の外国国籍を取得できる可能性が大きく、またそれが結果的にも妥当であるとして見送られた（池原・ジュリスト34頁）。

しかし、前述（第1章第1節）のとおり、わが国が締約国となった人権諸条約には、子どもの「国籍取得権」を認める規定がある。たしかに、各国の国籍法が血統主義と生地主義に分かれている現状において、完全な無国籍の防止は困難であるが、このような国籍取得権の趣旨を考慮すれば、わが国は、自国の領域内で生まれた子どもが無国籍となる場合には、その理由を問わず、生来的な日本国籍の取得を認めるべきだろう（奥田・国際家族法356頁）。

◆父母判明後の処理

「棄児」として戸籍を作成した子どもについて、後に親が現れて、子どもを引き取った場合は、1か月以内に出生届をし、戸籍の訂正を申請しなければならない（戸籍法59条）。ただし、米国で生まれた日系米国人の子どもが母親と共に日本を訪れた際に迷子になり、「棄児」として戸籍が作成されたが、半年足らずで父母が判明したケースでは、家庭裁判所が戸籍法113条により戸籍の訂正を許可した例がある（神戸家姫路支審昭和37年6月20日）。これは、子どもが外国で生まれた外国人であり、出生届をすることができなかったので、家庭裁判所の許可を要する戸籍法113条の手続によったのである。

問題は、子どもが成年に達した後に、外国人の親が現れたら、どうするかである。この場合は、「国籍の安定化」のために、日本国籍を維持させるという解釈も考えられる。ベルギーの国籍法でも、成年に達するまでに、ベルギー国籍を取得しなかったら、無国籍となる者をベルギー人とするのは、成年に達した後の国籍の安定化を目的としているのだろう。

付録1　国際結婚をした家族の声

付録1では、日本人と結婚した欧米人4名（米国人・ドイツ人・オーストラリア人各1名と米豪二重国籍者1名）が、重国籍に関する対談記事を読んで、自分たちの思いをコメントとして書いた文章を収録した。

本書の原稿は、コメントに影響を及ぼす心配があるので、彼らには送らなかった。彼らには、あくまで対談記事だけを読んでもらった。コメントは、母国語で書いてもらい、奥田が翻訳した後、本人がそれをチェックした。彼らは、日本法の専門家であり、日本語を理解するからである。

以下では、まず対談記事を掲載し、そのあとコメントを順不同で掲載する。

【対談記事】

＊以下は、2016年9月12日に『シノドス』に掲載された記事であり（http://synodos.jp/politics/17892）、編集部の許可を得て転載した。

「国籍」とは何か？
――蓮舫議員をめぐる議論をきっかけに改めて考える

奥田安弘×荻上チキ

民進党代表選に出馬している蓮舫議員について、日本国籍と台湾籍との「二重国籍」ではないかという指摘があり、今「国籍」に焦点が集まっている。ネットの言論サイト「アゴラ」が取り上げた元通産官僚・徳島文理大学大学院教授の指摘に始まり、夕刊フジ、産経新聞が「深刻な問題が浮上している」と報道。これに対して蓮舫氏は「父親が台湾出身、母親が日本人だが、17歳だった1985年に日本国籍を取得し、同年に台湾籍の放棄を届け出た」と説明した。蓮舫氏の件について法律上の問題はあるのか。そもそも、国籍とは何なのか。中央大学法科大学院教授の奥田安弘氏が解説する。2016年9月8日放送TBSラジオ荻上チキ・Session-22「蓮舫議員をめぐる国籍問題～改めて考える『国籍』とは？」より抄録（構成／大谷佳名）

蓮舫議員の場合、法律上の問題は？

荻上　今日のゲストは、中央大学法科大学院教授で国際私法がご専門の奥田安弘さんです。よろしくお願いします。

奥田　よろしくお願いします。

荻上　蓮舫議員に対して「日本と台湾の二重国籍ではないのか」という報道がありました。こうしたニュースの取り上げ方についてどうお考えですか。

奥田　まだ事実関係が明らかになっていないので確定的なことは言えませんが、仮に蓮舫氏が二重国籍であるとしても、日本の国会議員であること、民進党の代表になること、将来内閣総理大臣になることについては、現在の日本の法律上は何の問題も発生しません。

荻上　ということは、あくまで政治的な問題として議論されている、ということになるわけですね。

奥田　蓮舫氏の説明によると1967年の生まれということなので、当時の日本と台湾の国籍法はどちらも父親の国籍で子どもの国籍を決める（父系優先血統主義）というルールでした。ですから、生まれたときは台湾籍のみを有していたと思われます。

荻上　蓮舫さんは、お父さんが台湾人で、お母さんが日本人ですね。

奥田　しかし、1985年に日本の国籍法が改正され、父母のいずれかが日本人であれば日本国籍を取得できるようになりました（父母両系主義)。その後に生まれていれば、日本国籍だったはずです。また経過措置として、20歳未満の子は特別に届出をすれば日本国籍を取得することが認められました。当時17歳だった蓮舫氏は、この届出によって日本国籍を取得したのではないかと考えられます。

届出による経過措置は、帰化とは異なります。日本の国籍法では、外国人の方が日本に帰化する際は元の国籍を失わなければならない、と定められています。しかし、届出の場合はその条件がないんです。

一方、台湾の国籍法はどうなっているかというと、帰化や届出により外国の国籍を取ったとしても、台湾の国籍は自動的には消滅しません。「国籍喪失許可」の申請をする必要があります。ただし、その申請には「外国国籍を取得した時に満20歳以上であること」が要件とされているんです。

つまり蓮舫さんは当時17歳なので、この条文を見た限りでは国籍喪失許可の申請ができないと考えられます。ですから、日本の法律では経過措置により「元の国籍を失わなくてもよい」としている一方、台湾の国籍法では「元の国籍を失うことはできない」となるので、両方の国籍を保有している可能性があります。

ただし、1972年の日中国交回復の後ですから、日本政府は中華人民共和国政府を正統政府として承認しています。つまり、日本政府の立場では、中華人民共和国の国籍法を適用すべきだというのが公式見解です。そこには「帰化や届出によって外国の国籍を取得した者は自動的に中国国籍を失う」と書かれているので、蓮舫氏は日本国籍しか有していない、という見方もできます。

荻上　なるほど。まず、台湾の国籍法を適用するのか、中華人民共和国の国籍法を適用するのかで結論が違ってくるわけですね。

奥田　ただし、よく聞く話では、台湾出身の方が日本に帰化する手続きの際に、台湾側で国籍喪失許可の申請を行うよう求められるケースがあるそうです。日本政府の公式見解と、実務レベルで取られている対応が違うということも考えられます。

荻上　大前提として、蓮舫さんが日本国籍を有していることは疑いのないこと、そしてたとえ二重国籍であったとしても、政治家であることに法的に問題が生じるわけではないと。9月8日に日本維新の会は、国会議員や国家公務員に対して「二重国籍」を禁じる法案を国会に提出すると発表しました。この提案自体がどうなのかとも思いますが、仮にこの法案が成立したとしても、中国の国籍法を尊重する日本政府の公式見解上、蓮舫氏のケースも、「違法」にはなりそうにないですね。

奥田　ちなみに、台湾の国籍法は、国籍喪失許可を申請できるパターンを幾つか挙げています。蓮舫さんは、後に日本人と結婚されたので、改めて許可申請ができます。しかし、許可されるかどうかは分かりませんし、日本の国籍法上は、台湾の国籍喪失許可の申請を強制することはできません。

そもそも“国籍”とは？

荻上　改めて、そもそも国籍とはどういうものなのでしょうか。

奥田　まず、国籍は日本国民の要件です。国籍は国籍法という法律で定められていますが、これは、日本国憲法で「日本国民の要件は法律で定める」と書いてあるからです。なぜ憲法にこういう規定があるかというと、国籍が国家の基本要件の一つだからです。

さらに、個人の側からみて、日本国籍を有していることで受けられる権利がたくさんあります。たとえば選挙権や被選挙権、そして出入国、日本に住む権利です。そう考えると、国籍を持つことは一種の「人権」ではないかと私は思います。それぞれの国で権利を受ける前提としての、法的な地位であると言えます。

荻上　実際に国籍を取得するための手続きは、どのように行われているのですか。

奥田　国によって異なりますが、多くの場合は子供が生まれた時、自動的に親と同じ国籍を取得するか（血統主義）、もしくはアメリカのように生まれた国の国籍を取得します（出生地主義）。

よく勘違いされるのですが、出生届の提出は国籍を取得する手続きではありません。出生届は「生まれた時点でどこの国籍を取ったか」を確認する手段にすぎません。出生届が出されていなくても、国籍自体は生まれたときに自動的に取っていることになります。

ただし、出生後新たに届出や帰化で国籍を取得するためには、そのための手続きをしなければいけません。たとえば日本に帰化する場合は、必ず本人が法務局に出頭し、帰化の許可申請を行う必要があります。ただ、子供が15歳未満であれば、法定代理人（通常は親）が代わりに出頭することが認められています。

荻上　日本では法務大臣が許可しなければ帰化できないわけですね。

奥田　そうです。国籍法には「5年以上日本に住所があること」などの条件が書かれていますが、これらを全て満たしていれば必ず許可されるわけではありません。法務大臣はいろいろな事情を考慮して総合的に判断するのです。「それで不許可になっても裁判すればいいじゃないか」と思われるかもしれませんが、実はこれまで帰化の不許可処分の取り消し訴訟で最終的に勝った例はありません。

荻上　帰化申請がされたうち、どれくらい受理されたという割合は明らかになっているのですか。

奥田　法務省の統計では、不許可になったケースはほとんどないという結果が出ています。しかし、実際には申請受付の前に「事前審査」が行われており、その段階で可能性のない人は断念させられています。事前審査の基準は公開されていませんが、たとえば税金の滞納がないことなどが調べられるようです。

荻上　まさに統計マジックですね。統計上は、あたかも帰化申請が通りやすい国かのようだが、実務上は隠れた数字が存在しているというわけですね。

奥田　また、申請から受付までに非常に時間が取られるのです。「足りない書類がある」「事実関係を調べなくては」などと言われ、受付までの準備段階で１年、さらに許可が下りるまで１年かかった、という話をよく聞きます。

国籍選択をしなければならないケースとは

荻上　帰化の手続きには大変な手間と時間がかかる現状があるわけですね。そうした中で確認しておくと、蓮舫氏の場合は帰化ではなく、届出によって日本国籍を取ったとのことでした。一般に、二重国籍の人が国籍の選択をしなければならないのは、どういうケースが想定できるのでしょうか。

奥田　典型的な例を言えば、国際結婚から生まれて、父母両方の国籍を取得した人です。今は日本を含め多くの国が「父母両系主義」ですから、国際結婚から生まれてきた子供は二重国籍になります。

日本の法律には「国籍選択の義務がある」と書かれているのです

が、法律の世界では「義務に違反したらどうなるのか」が重要です。しかし、「国籍選択を怠っている場合は、日本政府が催告（督促）をすることができる」ということしか書かれていないんです。

さらに、国籍法改正から30年以上経っていますが、実はこれまで一度も催告をしていません。国はウェブサイトやポスターなどで「国籍選択の義務がある」と宣伝するだけで、催告をしていないという事実は書かないわけです。

ですから、中には勘違いをされて「両方の国籍を持つのは法律違反なのでは」と思われる方が非常に多いです。日本国籍の離脱届を出してしまう人もいます。たとえば去年と一昨年は、年間500人以上の人が国籍離脱届を提出していますが、その多くは勘違いの可能性があります。

二重国籍の人の場合、離脱届は簡単に受理されてしまうので、そうなるともう一度日本国籍を取り戻すためには、帰化を申請するしかありません。こうした背景があり、「国籍選択制度は紛らわしいから廃止してくれ」という請願が国会に多く寄せられています。

荻上　なぜ日本政府は国籍選択を催告しないのでしょうか。

奥田　おそらく、やるのであれば平等にする必要があるからだと思います。まず二重国籍の人を把握するのが難しい。国際結婚から生まれた子どもでも、外国人の親と同じ国籍を取ったかどうかを確認するためには、外国の国籍法を調べる必要があります。パスポートを持っていないから、国籍がないとは限りません。

つぎに督促状の送り先を把握するのも難しい。外国に住んでいる人など、住所が分からないときは、官報に掲載すると法律には書いてあります。しかし、1か月過ぎたら日本国籍が自動的になくなるとも定めています。知らないうちに日本国籍がなくなったという苦情がたくさん寄せられるでしょう。

国籍選択という制度を作ってみたけれども、実際に運用しようと思ったら、うまくいかないことが分かった。それが本音ではないでしょうか。

二重国籍を認める国々

荻上　国籍選択制度を廃止するなどすれば、日本も二重国籍を認めることができるわけですね。

奥田　現在でも、国籍選択をしていない人に催告をしていないので、事実上二重国籍を認めているようなものです。また日本国籍を選択する届出もできるわけですが、そうすると外国国籍を放棄する義務があると法律には書かれています。これも実質は「努力義務」です。というのも、日本の法律で外国の国籍を離脱できるかどうかを定めることは当然できないからです。

国によっては国籍の離脱に関して非常に厳しい条件を設けている国、兵役制度の関係で離脱を認めない国もあります。帰化の申請でも、そうした場合で、かつ日本人と結婚したなどの例外的なケースであれば、二重国籍を認めることになっています。

荻上　一方で、日本人が外国に帰化した場合は、自動的に日本国籍を失ってしまうわけですよね。

奥田　はい、そうです。ただし、戸籍はそのまま残ってしまうので、市町村の役所に行って「国籍喪失届」を提出する義務があります。中には「隠しておけばいいんじゃないか」と思っている人も多いようですが、法律家から見ると、非常に危険です。なぜかというと、在留資格がないまま日本に住んでいた「不法滞在者」となってしまうからです。また、日本のパスポートを使ってしまうと、旅券法違反にあたります。

荻上　日本以外のケースでいうと、たとえばA国からB国に移った場合に、B国が二重国籍を認めている場合はどうなるのでしょうか。

奥田　たとえばヨーロッパでは、「帰化をしても元の国籍を失わなくてもいい」という国が増えています。ただし、日本の国籍法では「他国に帰化すると自動的に日本国籍はなくなる」としていますし、日本の大使館のホームページなどでも注意を呼びかけています。

荻上　しかし、A国、B国両方が認めていれば、二重国籍はありえるわけですね。それではアメリカで生まれた日本人夫婦の子供の場合ですと、どうなるのでしょう。

奥田　アメリカの場合は生まれた場所で国籍を決める（出生地主義）という法律なので、親が両方とも日本人でもアメリカ国籍を取得します。ただ、日本の国籍法に「国籍留保」という制度があり、外国で生まれた二重国籍者は、3ヶ月以内に国籍留保の届出をしなければ日本国籍を失ってしまいます。

国籍留保の届出というのは、大使館、領事館に置いてある出生届の用紙に「国籍留保」の欄があり、ここに親がサインするだけですが、やはり3ヶ月を過ぎてしまう方も多いのです。

3ヶ月以上経ってしまうと出生届は受理されません。なぜなら、国籍法に「生まれたときに遡って日本国籍を喪失する」と書かれているからです。届出期間の3ヶ月間だけ日本人だった、ということにはなりません。ただ、20歳未満の間に日本に帰国すれば、法務局で再取得の手続きをとることは可能です。

なぜ日本は二重国籍を認めないのか

荻上　二重国籍についてリスナーから質問がきています。

「日本はどうして二重国籍をかたくなに認めないのでしょうか。二重国籍だと何か得することあるのでしょうか。」

奥田　得するというより、特に国際結婚をした人の場合は、非常に切実な願いだと思います。二重国籍が認められれば、どちらの国にも簡単に住むことができるし、帰省することも簡単です。これがないと、短期間の家族一緒の帰国でもいちいちビザを取らなければいけない。中にはビザの免除が受けられない国もありますので、非常に不便です。

荻上　なるほど。いまある不便を解消するために必要、という感じでしょうか。「得」という言葉で言えば、「国籍が二つもあるなんてずるい」という漠然とした意識の人もいれば、あれだけ報道されているのだから何か違法な事なんだと思っている人もいそうですね。また、こんな質問も届いています。

「二重国籍だとどのような問題点があるのでしょうか。」

奥田　一説によれば、国籍選択、国籍留保を設けた理由は出入国の問題があるからだとされています。二重国籍者はパスポートを２つ持っていますよね。たとえば通常は、日本を出国するときには日本のパスポートを使い、アメリカに入国するときはアメリカのパスポートを使います。

これでは日本のパスポートを見てもアメリカに入国したという記

録が残りません。パスポートをいくつ持っているかは本人しか分からないので、出入国の確認が完全にはできないから不都合だ、というのです。

荻上　しかし、他国ではそんなことは問題にしていないので、日本が二重国籍を認めたところで普遍的な問題が発生する根拠は示されていないわけですよね。

奥田　そうですね。一方で世界的には、二重国籍を認める方向に動いてきています。たとえば、ヨーロッパの多くの国々が批准している「国籍条約」という条約では、「国際結婚で生まれた子供の場合は二重国籍を認めなければいけない」とはっきり書いてあります。条約上の義務として、国籍を奪ってはいけないことになっているわけです。

また、兵役についても取り決めをしています。たとえば両方の国に兵役義務がある場合、今住んでいる国の兵役義務を履行すればよい、とされています。納税や社会保障についても、基本的には二重に求められることはないように調整されています。

国籍をめぐるさまざまな問題

荻上　そうしたヨーロッパの国々では、帰化をした場合の国籍はどうなるのでしょうか。

奥田　帰化の場合でも、二重国籍を認める国は増えてきています。やはり一時帰国する際に元の国の国籍がないと困るという理由で、今住んでいる国に帰化をすることを躊躇ってしまう人が多いからです。それでは受け入れる国としても、なかなか地域に馴染んでもらえない。ですから、国籍を捨てなくていいから帰化してください、という環境整備をしたわけですね。

荻上　むしろ元の国籍を認めた方が帰化を決断しやすくなり、結果として地域定着が進むという方針を欧米はとっているわけですね。一方、日本の場合ですと「法律で決められているんだから国籍を捨てて当然だ」「二重国籍を認めると定着しなくなる」という考え方が根強くあるように思います。

同時に、「日本で物を言いたいなら帰化をしろ」というように、国籍が思想と結びついている面もあります。無論、帰化した場合であっても、「あいつは元○○人」みたいな仕方で、ヘイトの対象になることもあるのですが。

今回の蓮舫氏への批判の中には、「本当の日本人」的な純血主義や差別意識が混じっていて、だからこそ蓮舫氏も、「私は日本人です」と強調せざるをえなかった。複雑なアイデンティティが認められないような状況が浮き彫りになりましたね。

奥田　欧米では、普段の会話の中で「あなたの元の国籍はどこ？」という話題が、問題なく普通に出てくるような雰囲気があると思います。

またEUの中では、学生が他の国の大学に入学することを推奨しています。卒業後も留学先の国でそのまま働きたいと思う人も多いわけですし、受け入れる側の国としても二重国籍を認めた方が、優秀な人材を確保しやすくなりますよね。逆に、自国民が外国に帰化するときに元の国籍を失ってしまう仕組みだと、海外に活躍の場を求める人の障害になります。

日本でもこうした事例はあって、たとえば2008年に南部陽一郎名誉教授がノーベル物理学賞を受けたとき、すでにアメリカに帰化していて日本国籍を消失していることが後になって分かりました。もし日本が二重国籍を認めていれば、アメリカでの研究に身を置きながら日本の大学でも指導を行うなどの手続きがスムーズにいったはずです。人材の国際交流を考えるのであれば、日本での在留資格の緩和だけではなく、国籍についても考える必要があると思います。

荻上　蓮舫議員の件をきっかけに国籍について考えてきましたが、むしろ、現在の日本の法律にも改善点は多くある。グローバルな人材の活用という点、また個人の権利やアイデンティティの問題等、国際間移動や国際結婚が増えているという実情にあわせて考えても、二重国籍を前提とした法改正を進めていく必要がありそうですね。本日はありがとうございました。

【コメント】

アンドリュー・パーデック（南イリノイ大学）

対談記事を読んで、私は、約30年前にアメリカと日本を行き来していた頃を思い出しました。その感想を述べることにより、読者は、「外国人」も日本に深い愛情を抱いて、関係を維持できるのだ、ということを理解して頂きたいと願っています。「国籍とは何か」という議論があるなか、このような関係を強化する立法の検討ができればと考えています。

私が初めて日本に住んだのは、1990年の大学卒業後でした。青森県の六戸という小さな町で英語を教えました。町民の皆さんは、言葉で表せないくらい、私を歓迎し、親切にしてくださいました。私は、その町の文化や人柄にほれ込みました。日本語は、来日当時は全く話せませんでしたが、勉強することにしました。その結果、学校や畑で近所の人たちと数えきれないほど一緒に食事をしたり、働いたりする時間を過ごしました。街角のガソリンスタンドから職場に至るまで、あちこちで日本語の先生や友人たちがいました。帰国の際には、家族と別れるような気持ちでした。

故郷が懐かしくなったので、アメリカに戻ったのですが、その時、すでに二つの故郷があることに気づきました。ロー・スクールで勉強している間も、日本の思い出は色褪せませんでした。しばらくアメリカで働いた後、日本法を勉強するために、日本の文科省の奨学金に応募し、採用してもらいました。北海道大学の大学院で博士号の取得を目指しましたが、それは素晴らしい経験でした。ハーバード大学での四年間と同じくらい、私の人生において最も充実した時期であり、努力が報われた日々でした。今でも指導教授を私のお手本として尊敬しています。

北海道大学で博士号を取得した後、私は、アメリカに戻ることにしました。そして、インディアナ州の法律事務所で父と一緒に弁護士として働いていた時に、今の妻と出会いました。妻は日本人です。私たちは、結婚から数年後に、私がテンプル大学日本校のゼネラル・カウンセル（顧問弁護士）の職を得たので、東京に引っ越すことになりました。私は、インディアナの小さな町の出身であり、東京の生活に馴染めそうもありませんでしたが、結果的に馴染めました。東京は、きれいで活気があり、面白い人たちが大勢いて、無限の美食と文化を楽しませてくれました。しかし、数年後、大学で常勤の職を得るために、アメリカへ戻りました。

この来日と帰国のパターンは珍しくないでしょう。日本人であるかどうかを問わず、気持ちや家族が二つの国の両方にまたがっている人は、大勢います。私たちは、二つの国を行き来し、両方に関わる生活をして、日本と他国との架け橋になっています。日米の旅が約30年間続いた今でも、日本は住むのに最適であり、日本人は日本の最も重要な「財産」だと思っています。また、人口が減少し、国際化が進むなかで、日本が「国民」をどのように定義するのかは、日本の未来を決めるものだと確信しています。

もしアメリカ国籍を失わずに日本国籍を取得できるのであれば、私は、きっとそうしたでしょう。日本の企業は、外国人を雇う際に短期の契約を好むことが多いですし、日本に住むためには、多くは就労のできるビザが必要となります。国籍は、転職の可能性や職の確保を左右するので、それらの点も考えて、私は、アメリカで教職を求めることにしました。他方で、日本国籍を失わずにアメリカ国籍を取得できるのであれば、妻は、きっとそうしたでしょう。国籍がなければ、相続に影響しますし、アメリカで永住資格を取得する必要があります。もっと心配なのは、最近の政治変化のおかげで、外国人とアメリカ人の差別化が不必要に行われるようなっています。

移民政策や国籍法上の重国籍防止条件は、二つの国の架け橋となっている人たちにとって、大きな障害となっています。私は、アメリカと日本が協力して、これらの障害を減らす努力をすることを願っています。日本は、それによって、他の国々とより強固な関係を築けるでしょう。

寛容の精神は、日本の利益になります。日本の最も大切な「財産」を血統によって制限する必要はないでしょう。私は、このように大事な問題について、意見を述べる機会を与えられたことを大変うれしく思います。

ケント・アンダーソン（西オーストラリア大学）

善かれ悪しかれ、私は、自分が「世界市民」になったと思います。この状態にぴったり当てはまる真の国際法としての国籍法は存在しませんが、私の放浪の旅と21世紀の世界のダイナミックな動きが私を導いてくれました。この世界市民の眼からは、日本の現在の国籍法は、もっと現実を受け入れるための改正をしたほうが良いだろうと思います。

私は、アラスカでアメリカ人の両親から生まれました。そこで私は、「当たりくじ」の国籍法を引き当てたのです。私は、アメリカ国民として生まれ、おそらく20世紀後半において最も便利なパスポートを取得することができました。もっとも、後に7時間も時差のあるアメリカ東海岸の小さな町の大学に行くまでは、実際にパスポートを手にすることはありませんでした。大学から最も近い都会は、カナダのモントリオールであり、週末にそこに出かけて、フランス語を耳にしたり、珍しい料理を楽しんだりしました。

私は、大学3年の時に、交換留学生として日本に行きました。その日本にいた年は、私の人生を変えました。それは、私と日本の深い関わりの始まりでしたが、最初に興味をひいたのは、個々としては理にかなった日本人が社会集団となったときに、不可解な要素が多いことでした。私は、もっと勉強して、日本をよく理解したいと思いました。さらに、これも交換留学生としての経験ですが、ホームステイ先の家族は素晴らしかったですし、とくにラグビー・クラブやアルバイト先で、たくさんの日本人の友達ができました。また、世界各国からの大勢の人たちと知合いになり、アジア中を旅行することができました。そこで私が学んだのは、人が国籍をはるかに超えた存在だということです。好きな人もいれば、嫌いな人もいましたが、それは、彼らが何色のパスポートを持っているのかとは無関係でした。この経験は、かつてスイスのチューリッヒの混沌のなかで暮らしていた姉を訪ねた時のことを思い出させてくれました。

大学を卒業した後、私はアラスカに戻りました。しかし、すぐに私は、もはやアラスカ市民ではなく、アラスカに住む世界市民になったと気づきました。私は、アメリカ本土の大学院に進んだ後、すぐにまた日本に戻って、1年半の間、神戸でフィールドワークを行いました。とくに重要なのは、そこで仕事の関係から今の妻に出会ったことです。彼女は、ちょうどニュージーランドから日本に戻ってきたところでした。最初に私を驚かせたのは、日本の赤いパスポートを持って、全く違う人に見えるのに、価値観や志がこんなに近いと感じる人がいることでした。

国籍法は、最初の私たちの関係に二回も割り込んできました。第1に、私が日本を離れ、アメリカの大学院に戻る時に、私たちは婚約することにしました。そうでなければ、これから遠く離れた環境を短期滞在のビザで乗り切ることになっていたでしょう。もし私たちが同じ国籍であったとしたら、少なくとも1年は婚約が先延ばしになっていたと思います。第2に、神戸大震災があり、妻のアパートが損壊した後、私たちは、新たに婚姻に基づくアメリカの永住権の申請をしました。日本の家族法は、私たちの婚姻を登録するのに簡単で便利であり、素晴らしいと思いますが、アメリカの移民法は、9・11の同時多発テロ以前でも、申請の結果が分かるまでに6か月もかかり、不安で仕方ありませんでした。

次に国籍法に直面したのは、私がハワイで弁護士をしていた頃に、息子が生まれた時でした。その当時、私はアメリカの移民法を専門にしており、ホノルルの日本領事館は、国際結婚の処理に慣れていたので、きわめて簡単に私の息子は、日本人としても、またアメリカ人としても登録することができました。この点では、日本の法律と実務は、仮に私の息子が日本で生まれて、アメリカ国民として登録するよりも簡単だと思いました。

その後、私たちは、イギリスに引っ越しました。私は、オックスフォード大学でいわゆるポスドク（博士号取得後の研究員）の職を得たので、家族のビザを取るのは、アメリカよりも簡単でしたが、日本よりも難しかったです。イギリスでの生活の後、私は、北海道大学で助教授の職を得ました。これは、日本人である私の妻と子どもにとっては、楽でしたが、私は、教授ビザと配偶者ビザのどちらを取るのかを迷いました。しかし、国立大学の教授ビザを取るほうが簡単だったので、そちらを選びました。

2001年（9・11テロの前）、私は、オーストラリア国立大学の日本法の主任教授になりました。これも、国籍法と移民法の面白い話になることが分かりました。オーストラリアでは、就労ビザを得るよりも、永住資格を得るほうが早かったのです。ひとつ問題があったのは、日本のパスポートを持つ私の妻でした。彼女は、東京で1年に二回しかない英語の検定試験を受けるか、それとも英語圏の大学卒業資格の証明書を提出するか、どちらかを選ぶようにいわれました。彼女が大人になってから最も長く住んだのは、英米圏であるのに、国籍が英語能力を測る物差しとして使われたのです。

2004年に、私は、オーストラリアの生活に馴染んでいたことや、アメリカ政府がイラク侵攻を決めたのに嫌気がさしたことから、オーストラリアに帰化することにしました。その当時、オーストラリアは、多くの旧イギリス国民の状況を解決するために、帰化と二重国籍を推奨していました。その結果、帰化手続は、信じられないくらい簡単でした。最大の問題は、私がいろいろな日本の大学の客員教授を掛け持ちして、オーストラリアとの間を行ったり来たりしていたので、帰化の宣誓式の日に、オーストラリアへ戻って来れるか、ということくらいでした。オーストラリアとアメリカは、21世紀になる前後の10年間に、二重国籍を容認するようになっていたので、私はアメリカ国籍を維持することにしました。まさに国籍の維持は、離脱よりもはるかに簡単だったからです。

オーストラリアの帰化申請書には、私が幼い息子にもオーストラリア国籍を取らせたいのであれば、チェックをする欄がありました。私は、国籍法の知識があったので、調べたところ、日本の法務省は、両親がそれを選ぶことにより、私の7歳の息子が「自分の意思」で外国国籍を取得したとみなすことに気づきました。そんなことは、馬鹿げており、現実とかけ離れているとも思いましたが、結局のところ、私は、その欄にチェックをしませんでした。その結果、私たちが海外旅行をする際には、通常、私はオーストラリアのパスポート（アメリカのパスポートもありますが）、私の妻は日本のパスポート、息子はアメリカのパスポート（日本のパスポートとオーストラリアの永住権証明書もありますが）を使う、という奇妙なことになっています。さらに、私が三人分五つのパスポートを入国審査官のところに持って行くこともあり、その時は、まるでトランプ・ゲームをしているような気分になります。

息子は、間もなく20歳になり、日本の国籍法による国籍選択の期限が近づいています。彼は、とくに来年、日本で勉強する計画を立てているので、私たちは、しばしばこの問題について話し合いました。彼が日本国籍の選択届をしても、オーストラリアとアメリカの役人は、他の国の国籍や永住権には関係ないというに違いありません。オーストラリアで広く行われている方法は、オーストラリアに帰化して、それを日本政府には隠しておくことです。もちろん私は、息子がそんな方法をとることを認めたくありませんが、これは、日本で今行われている議論の無益さを示しています。

まるで「チャンポン」のように混沌とした私の国籍の話に、少し薬味を添えるとしたら、私の姉がかつてはスイスに住み、今はスペインの永住権を持って、アイルランド・アメリカ二重国籍の夫と暮らしている、という事実も挙げたいです。

私が数年前に大学院のゼミにおいて、国際化した社会における国籍と国際的な人の移動に関する話をした時のことです。一人のインドネシア人学生が次のように発言しました。「貴方の国籍の話は、珍しくないかもしれないが、それは、裕福で、教育があり、英語を話し、主に先進国出身の男性に限られている」。彼のいうことは、たしかに当たっています。今の国際化の状況は、私の好みによるものです。しかし、将来の方向は、いかに国を出ていくのを諦めさせるのかではなく、いかに国際的な人材の育成を目指すのかにあると思います。このヴィジョンのなかでは、国籍法は、制約ではなくセールス・ポイントとして、ますます重要になっていくでしょう。

マーク・デルナウア（中央大学）

私は、ドイツで生まれ育ち、ドイツ国籍法の血統主義により、出生の時にドイツ国籍を取得しました。私の故郷はドイツですが、同時に日本も、第二の故郷のようなものになりつつあるといっても、過言ではありません。ドイツと日本のどちらが好きかと問われたら、答えに窮します。

日本への関心は、子どもの頃に、日本の歴史や文化に関する本を読んだり、映画を観たりして、芽生えましたが、まだ日本との直接のコンタクトはありませんでした。私は、ルール地方のグラートベックという小さな工業都市で育ちました。この町は、鉱業が盛んでしたので、たくさんの国の人たちが集まって住んでいます。グラートベックに住む外国人の多くは、もともと1950年代・60年代に労働者としてドイツに来た一世（とくにトルコ人が多く、当時は、ガスト・アルバイターと呼ばれていました）またはその子孫です。さらに今なお、町の人口構成は、鉱山やその他の重工業分野で働くために、19世紀末から20世紀初頭にかけて東欧から来た移民の子孫で成り立っています。しかし、私の子ども時代には、グラートベックで日本人と会ったことはありませんでした。もちろん日本語を勉強する機会もありませんでした。ちなみに、私の祖先も、旧東プロイセンやハンガリー、クロアチアなどの東欧諸国の出身です。

私は、20歳くらいになった頃に、日本語の勉強を始めましたが、最初は単なる趣味にすぎず、また町の日本語の授業は、簡単な基礎を覚える程度のものでした。しかし、すぐに私は、学問的・専門的に日本を勉強しようと決め、マールブルク大学で法律学と（現代）日本学の勉強を始めました。そのお陰で、今から25年ほど前に日本との密接な関わりが始まり、ますます関係が深まってきました。この学生時代に、私は初めて日本を訪れる機会を得ました。当時の文部省（今の文部科学省）とドイツ学術交流会の奨学金により、私は、1995年から96年までの1年間、青森の弘前大学で研究生として過ごしました。この滞在は、今日までの人生のなかで、最も印象深く素晴らしい体験でした。弘前に着いてすぐに出会った、田舎の道端にたたずむ農家の老婦人の笑顔は、一生忘れないでしょう。また、来日に際して、親切に私の面倒をみてくれた弘前の大勢の人たちのことも、感謝の気持ちをもって思い出します。1年後にドイツに戻るのがつらいほど、弘前での体験は、素晴らしいものでした。

ドイツでの勉強を終えた後、2000年に私は、もっと長い日本滞在の機会を得ました。再び文部科学省とドイツ学術交流会の奨学金を得て、私は、東北大学の大学院で2年間、日本法を学び、修士号を授与されました。この東北大学時代に今の日本人の妻と出会いました。2002年にドイツに戻った後も、学問的・専門的・個人的な日本との関わりは、途切れることがありませんでした。やがて私は、ハンブルクのマックス・プランク外国私法国際私法研究所で日本法の助手として雇われ、その間に日本の民法を中心テーマとした博士論文を執筆し、フライブルク大学から博士号を授与されました。また、ハンブルク上級地方裁判所での2年間の司法修習のうち3か月は、東京の弁護士事務所で過ごしました。ドイツの弁護士資格を取った後、ミュンヘンの法律特許事務所で弁護士として7年間働きましたが、とくに日本関係の仕事の依頼がよくありました。その間に、仕事や私用で日本へ短期間の旅行によく行きました。2013年に私は、ついに中央大学の民法担当教員に招かれ、それを喜んで引き受けたのは、仕事上の理由だけではありませんでした。私の妻も、東京の大学で教鞭をとっており、その間に長男が産まれたこともあり、東京とミュンヘンの間を数年にわたりお互いに行ったり来たりしていましたが、それは、段々と私たち家族の重荷になっていました。さらに、私にとっては、第二の故郷で生活する新たなチャンスだったのです。その後、次男が産まれ、私たちは、四人揃って、東京で「国際家族生活」を送っています。

私たち家族がずっと日本で暮らすのか、それともいつかドイツに戻るのかは、今のところ分かりません。私が日本で暮らすように、私の妻もドイツで暮らすのは好きですし、たとえ日本国籍だけでも、家族関係を支えに、ドイツで問題なく暮らすことができると思います。私たちの二人の息子は、両国の国籍法により、独日二重国籍です。私たち夫婦は、二人の息子がドイツ語と日本語を学習するだけでなく、両国の文化に親しんでほしいと願っています。

私は、両国の国籍法によれば、ドイツ国籍を失わずに、日本国籍を取得することはできません。同様に私の妻も、日本国籍を失わずに、ドイツ国籍を取得することはできません。仮に私たち夫婦が両方の国籍を持てる日が来たら、きっとそうするだろうと思います。なぜなら、私たちは、両方の国と密接な関係があり、少なくとも「気持ちのうえでは」両方の国に暮らしているようなものだからです。私がドイツ国籍を諦めて日本国籍を取得したり、私の妻が日本国籍を諦めてドイツ国籍を取得したりすることは、到底考えられません。

いずれにせよ、私にとっては、日本国籍の取得は、大筋であまり重要ではありません。日本人の配偶者であり、かつ日本国籍の二人の子どもの父親として、日本で就労資格のある長期の在留資格を取得することには、何の問題もありません。それに私は、いくら日本が好きでも、ドイツ人であることには変わりなく、日本在住のドイツ人として大変親切にしてもらっています。外国人として差別を受けた経験はありません。私の仕事や私生活の未来も、日本国籍を取得したからといって、何も変わらないでしょう。

しかし、私たちの二人の息子にとっては、事情が異なります。彼らは、今後ますます両国の言葉や文化と共に、両国との結び付きを抱えて育つことでしょう。彼らは、両方の国籍を持ち、将来どちらの国に住みたいのかを決める時が来るでしょう。しかし、一方の国籍をやめて、どちらかの国籍だけにするとしたら、それは、成年になってからのことでしょう。国籍を選択するとしたら、それは、おそらく大変難しいことだと思います。どういう選択をするのかを考えるだけで、胸が張り裂けそうになります。彼らに選択を強制するのは、耐え難いことであり、ドイツの利益と日本の利益のいずれの観点に立っても、全く不要であり、無益なことだと思います。日本とドイツは、両方の国を同等に知り尽くし、同等に愛している人たちがいることの恩恵を受けています。私たち夫婦にとっても、なぜ帰化によって二重国籍が認められないのかは、納得できる理由を見つけることができません。いずれにせよ、人が二つの国を同じように愛し、私たち家族と同じように、両方の国と密接な家族関係を持っている場合は、二重国籍の容認に反対する十分な理由を見出すことはできません。

他方において、ドイツでの経験によれば、外国に移住する人のなかには、その国を愛しているからではなく、経済的な理由がメインであり、長年暮らしていても、あまりに文化が違うため適応できず、移住先の国を敵視さえする者がいます。1950 年代から 70 年代にかけてドイツにやってきたトルコ移民の多くは、何十年暮らしても、ほとんどドイツ語が話せず、その子どもや孫も、不十分なドイツ語しか話せなかったり、トルコ語も満足でなかったりする者が少なくありません。まさにトルコ移民とその子孫は、ドイツ社会への統合がとくに困難な例となっています。そのためドイツでは、深刻な問題を抱えた一種の「多元社会」が生まれています。

このような移民たちは、法律上の条件を満たしさえすれば、その国の文化や社会秩序を拒否していても、権利のために二番目の国籍を欲しがります。ドイツでは、数年前に、従前の国籍を維持しながら、ドイツ国籍を取得できる範囲を広げました。それが統合を促進すると期待してのものです。しかし、この期待が実現するのかどうかについては、大いに議論が分かれています。最近2年間にイスラム移民によるドイツでのテロ行為などが増えたことを背景として、この二重国籍容認を再び廃止すべきであるという声が高まっています。なぜなら、ドイツ国籍を持っている限り、重大な犯罪行為があっても、国外退去にすることはできないからです。したがって、特定の人については、二番目の国籍を与えることが必ずしも問題なしというわけではありません。

トレバー・ライアン（キャンベラ大学）

国籍法に関するコメントの機会を与えて頂き、有難うございます。私は、オーストラリアに在住するオーストラリア人の研究者です。かつて日本に住んでいたことがあります。その時たまたま、外国人の社会保障に関する研究の一環として、日本の国籍法を調べました。また、フジモリ元大統領の事件も調べたことがあるので、日本の国籍法の運用は、ある程度知っています。そして、最近になって、日本の民進党代表の国籍をめぐる議論が私の興味をかきたて、国際家族法と結びついた国籍法の難しさを思い出させました。

私は、日本では、重国籍者の公職就任が全く禁止されていないことを知り、正直驚きました。オーストラリアの憲法は、連邦議会の議員の欠格事由の一つとして、「外国に対する忠誠、服従、支持を表明する者、外国の臣民または国民である者、外国の臣民または国民としての権利もしくは特権を有する者」であることを挙げています（44条1号）。判例によれば、その結果、上下両院の議員に立候補しようとする者は、あらかじめ外国国籍を離脱するための「合理的な手段」をとることが求められます。どのような手段が「合理的」であるのかは、その外国の国籍法しだいです。

学説において重国籍に対する賛否が分かれていることは、よく知っています。私自身は、一定の政治的な権利義務は、国籍よりも住所を基準とする見解に傾いています。これは、国籍唯一の原則から生じる問題の幾つかの救済となるでしょう。しかし、オーストラリアがそうであるように、日本が経済発展のために移民を積極的に受け入れるつもりであれば、もっと重国籍を容認する政策をとったほうが、日本の社会や移民、外国在住の日本人の利益になるでしょう。

個人的には、私は、（トータルで５年間）日本で働いたり、勉強したりしていた期間でさえも、日本国籍を取得したいと思ったことはありません。就労や勉学のためのビザの申請は、受入れ先の雇い主や教育機関が引き受けてくれましたし、オーストラリア人は、日本に到着したら、「自動的に」短期滞在の観光ビザをもらえるので、ビザの取得に苦労したことがありません。私は、いつもこれらのビザのどれかで入国していたので、日本人女性と結婚した後も、配偶者ビザを申請しようとは思いませんでした。私のオーストラリアでの職は、任期の定めがありません。将来、日本に転職するかどうかは、未定ですが、もしそうなったら、個人的に日本の国籍法をどのように思うのかは、また変わってくるかもしれません。

現在のところ、日本の国籍法に対する私の見方は、主に夫や父親としてのものです。まず、私の妻は日本人であり、10年以上オーストラリアに住んでいます。彼女は、パートタイムで働き、税金を払っています。オーストラリアの現状は、とくに自分の仕事や子どもの教育に影響するので、彼女の関心事です。私たちが10年以上前に結婚した後すぐに、彼女は永住資格をとりました。同じような状況にある知り合いの数人は、オーストラリアに帰化しました。何人かにとっては、それは、アイデンティティの問題でしたが、主たる理由は、オーストラリアで主要な職業の一つである公務員になることが制限されているからです。日本人以外の知り合いの中には、オーストラリアに帰化したにもかかわらず、元の国籍を維持できた人もいます。しかし、私の妻は、日本国籍を失いたくないので、オーストラリアに帰化しないでしょう。それは、日本人としてのアイデンティティが強いとか、海外旅行で日本のパスポートが便利であるとか、幾つか理由があります。しかし、それだけでなく、たとえば将来、年老いた両親の介護などのため、長期にわたり日本に住む必要が出てくるかもしれません。あるいは、私の死亡や結婚の破たんなどのため、無期限で日本に戻ることさえあるかもしれません。私の知る限り、それは、元日本人とオーストラリア人の夫婦の間で少なくないようです。もし彼女が日本国籍を失ってしまったら、ビザを取得する手間や、そのビザの条件などにより、選択肢が狭まるかもしれません。今のところ、彼女の職業は、下位の公務員職（福祉サービスの従事者）ですから、オーストラリア国籍を必要としません。しかし、将来、状況の変化があったら、日本国籍を維持するかどうか、という難しい決断を迫られることになります。

つぎに、私の（未成年の）息子は日豪二重国籍です。彼は、日本の文化をしっかり受け継いでおり、日本の親族とのつながりも強いです。私の妻子は、少なくとも１年のうち１か月間は、日本の妻の実家で過ごします。息子は、１週間に一回は、スカイプで祖父と話します。彼の日本語は、年齢の割に上手ですが、それは、日本の通信教育を受けさせている妻の努力のおかげです。彼は、学校でも日本語を勉強しています。将来、日本で高等教育の一部を修了することも可能でしょう。きっと日本とのつながりは、一生続くと思います。たぶん彼は、日本との間を行ったり来たりするでしょう。その場合、二重国籍のままでいるのは助かります。私は、多くの人が成年に達した後も、とくに国籍選択を意識することなく、二重国籍のままでいることを知っていますが、民進党代表をめぐる議論から分かるように、厳しいバッシングを受けるおそれがあります。しかし、だからといって、日本の国籍法に忠実であろうとして、一方の国籍を離脱することは、自分のアイデンティティの半分を失うことになるので、難しい決断に違いありません。日本の国籍法が改正されない限り、私の息子がこういう立場に置かれることを不幸だと思います。

仮にオーストラリアの例にならうのであれば、若干の公職については、重国籍者の就任を制限するとしても、一般に重国籍となることについては、もっと広く認めてもよいのではないでしょうか。

付録2　自由人権協会講演

付録2では、2017年5月27日に自由人権協会（JCLU）の総会において開催された公開講演の原稿を掲載した。題材の多くは、本書の内容と重なるが、別の角度から論じたものとして読んで頂ければ幸いである。

人権としての国籍

奥田安弘

国籍は人権なのか？

只今ご紹介頂きました奥田です。今日は、自由「人権」協会にお招き頂いたので、「人権としての国籍」というタイトルを掲げましたが、長年国籍法の研究を続けていると、本当に国籍は人権と言えるのか、またある種の人権としての側面があるとしても、これは人権問題だからというだけで足りるのか、というような疑問を常々感じております。

人権は、「人の権利」と書きますが、法律上は、基本的人権という意味ですから、やはり憲法や条約に根拠を有する必要があります。さらに言えば、それらの条文に依拠して、「裁判に勝てるのか」、「裁判で通用するのか」ということが問題となります。

これは、法律を作る際に「何が望ましいのか」という立法論とは異なります。私たち研究者がいくら「立法として望ましくない」と主張しても、立法権は国会に帰属しますから、全く耳を傾けてもらえないことが山のようにあります。

私は、弁護士登録をしておりませんが、1990年代の前半から沢山の国籍裁判や外国人関係の裁判に関わってきました。それは、原告側から依頼を受けて、意見書を提出し、その裏付けとなる研究を続けてきた、ということです。最高裁では、三つの国籍裁判で勝訴した経験があります。今日はまず、そのうちの二つを例にとって、皆さんと一緒に「人権としての国籍」を考えていきたいと思います。

アンデレ事件

一つ目は、1995年に最高裁判決が出た「アンデレ事件」です。阪神・淡路大震災がその年の1月17日、最高裁判決が1月27日でしたから、20年以上前のことになります。

事件は、外国人らしい女性、関係者の話によれば、フィリピン人らしいというのですが、そういう女性が長野県の病院で子どもを産んで、数日後に姿をくらましたというものです。その後、子どもは、アメリカ人の牧師夫妻の養子となり、「無国籍」として外国人登録をしましたが、牧師が弁護士に相談したところ、「本当は日本国籍を取得しているはずだ」というアドバイスを受けて、国籍確認訴訟を提起しました。

これは、日本で生まれた子どもに国籍を与える「人権訴訟」と言えるのでしょうか。私は、意見書のなかで一度もそのような主張をしていません。もっぱら国籍法の解釈問題として、意見書を書いたのです。国籍法2条3号には、「父母がともに知れないとき」には、日本で生まれた子どもに日本国籍を与える、という規定があります。裁判の争点は、この「父母がともに知れないとき」という条文の解釈に絞られたのです。

アンデレを養子にしたアメリカ人の牧師は、記者会見で「日本で生まれたのに、日本国籍を与えないのは人権侵害だ」と訴えていましたが、これは、アメリカの発想、生地主義の発想であって、日本の裁判では全く通用しません。

日本は、血統主義を採用しています。ただし、血統主義は、親の国籍で子どもの国籍を決めるため、「父母がともに知れないとき」は、国籍を決めることができません。そこでこういう場合に限って、つまりあくまで例外的に生地主義を採用したのです。これを「補充的生地主義」と言います。そういう例外規定を適用するために、「父母がともに知れないとき」という条文の解釈が問題となったのです。

たしかに、この規定は、無国籍の防止を目的としており、無国籍の防止自体は、人権の観点から根拠づけられます。しかし、裁判では、他の法律と同じように、「立法趣旨を考慮して、条文を解釈すべきである」ということを主張するだけであり、ことさらに人権を主張するわけではありません。

その条文解釈の詳しいことは、省略しますが、そもそも生地主義にこういう条件を付けるのは、「人権侵害」と言えるのでしょうか。日本で生まれた子どもには、すべて日本国籍を与えるべきだ、という主張のほうが正しいのでしょうか。そういう主張をする場合には、逆に外国で生まれた子どもの国籍取得はどうなるのか、ということまで考える必要があります。

実は、生地主義では、生まれた場所で国籍が決まるので、外国で生まれた子どもは、たとえ親が自国民であっても、無条件に国籍を取得するわけではないのです。

沖縄の無国籍児問題

昔、沖縄にも「無国籍児問題」があったことを思い出してください。1985年より前は、日本が父系血統主義を採用していたので、アメリカ人の父親と日本人の母親から生まれた子ども（アメラジアン）は、無国籍になってしまうという問題がありました。しかし、その責任の半分はアメリカの国籍法にもあります。

アメリカの国籍法では、親の一方だけがアメリカ人である子どもが外国で生まれた場合、そのアメリカ人の親が本国に一定期間以上居住した経歴があること、すなわち「本国居住歴」が子どもの国籍取得の要件となっています。

たとえば、アメリカ人の親が日本生まれの日本育ちで、本国居住歴がなければ、子どもはアメリカ国籍を取得しません。またアメリカ人の親が日本人配偶者と子どもを残して、アメリカに帰ってしまったら、子どもがアメリカ国籍を取得しているかどうかを確かめるのは、きわめて難しくなります。

「いずれの国の法律によっても、国籍が与えられない」という無国籍は、各国が血統主義と生地主義に分かれている以上、どうしても起きてしまいます。ただ血統主義を採用している以上、父母のどちらが自国民であるのかによって、子どもの国籍取得が左右されるのは、「平等原則」に反する疑いがあります。

そこで、父系血統主義の合憲性を争う裁判が当時あったのですが、違憲判決が出ることはありませんでした。なぜ国籍法が改正されて、父母両系主義に改められたのかといえば、その頃に女性差別撤廃条約の批准が問題となり、そこに子どもの国籍取得に関する両性の平等が規定されていたからです。その結果、国籍法の改正が確実になったということで、裁判は「高裁どまり」で取り下げられ、ついに違憲判決は出ませんでした。ことほど左様に国籍裁判で憲法違反を主張するのは難しいのだ、ということはご理解頂けたでしょうか。

血統主義と生地主義

ちなみに、フランスを生地主義に分類する人がいますが、私たち法律の研究者からみた場合、フランスは、むしろ血統主義が原則であり、しかもその「元祖」と言えます。なぜなら、1804年のフランス民法（ナポレオン法典）は、「外国でフランス人から生まれた子どもはフランス人」と規定し、このような規定は、フランス民法より前には見当たらないからです。今でも、親がフランス人である限り、外国で生まれた子どもの国籍取得は制限していないようです。

ただし、その後の法改正によって、「フランス生まれの子ども」にフランス国籍を与える範囲は広がりました。親が外国人であっても、フランス生まれである場合、すなわち移民三世は、フランスで生まれたことにより、フランス国籍を取得します。しかし、これは、「加重的生地主義」と呼ばれる例外にすぎません。無条件の生地主義でないという意味では、「父母がともに知れない」ことを要件とする日本の国籍法と同列であって、単に例外の範囲が広いか、狭いかの違いにすぎません。

たしかに日本も、血統主義とはいえ、「国籍留保制度」がありますから、外国で生まれた子どもの国籍取得を制限していると言えます。しかし、この制度は、正確には、重国籍の子どもについてのみ、生まれてから3か月以内に国籍留保届がなかったら、生まれた時にさかのぼって、日本国籍を失わせるというものです（国籍法12条）。

外国で生まれた子どものすべてが、重国籍になるとは限りません。両親ともに日本人であれば、南北アメリカのように純粋な生地主義の国で生まれたのでない限り、重国籍とはならず、国籍留保制度の対象とはならないことが多いでしょう。また、その対象となる場合でも、国籍留保届さえしておけば、外国に移住した日本人家族は、何世代にもわたって、日本国籍を維持することができます。

ところが、外国に移住したアメリカ人の家族は、いずれ親が本国居住要件を満たさないために、アメリカ国籍を維持できなくなる日が来るだろうということです。またイギリスの国籍法では、両親ともにイギリス人であっても、外国生まれであり、さらにその子どもが外国で生まれた場合、つまり国外移住家族は、すべて三代目以降は、もはやイギリス国籍を取得しません。

以上のように、自国で生まれた子どもには、すべて国籍を与えるが、国外で生まれた子どもの国籍取得は制限するという「生地主義」、そして親が自国民であれば、生まれた場所にかかわらず、国籍を与えるが、親が両方とも外国人である場合は、単に国内で生まれただけでは足りないという「血統主義」、例外の範囲が広かったり狭かったりしますが、大部分の国は、いずれかを原則としているわけですから、生地主義のほうが進歩的で人権に配慮しているとか、血統主義は遅れており、人権の観点から問題だというような主張は、私たち法律研究者の立場からは、「到底無理」ということになります。

国籍法違憲判決

つぎに、2008年の国籍法違憲判決を紹介します。こちらは、国籍法の規定が初めて最高裁で違憲無効とされたので、ご存知の方も多いでしょう。この事件は、婚外子の国籍取得の問題です。少し難しくなりますが、お付き合いください。

婚外子の父親というのは、法律上はいないことになっています。民法では、認知をすれば、子どもの出生の時にさかのぼって、法律上の親子関係が成立しますが、国籍法では、その「出生」の時点で、法律上の父親が存在していたことが必要となります。

「胎児認知」というのをご存知でしょうか。認知は、子どもが生まれる前でも出来ます。これは、子どもが生まれる前に、父親が病気で死にそうであるとか、戦前であれば、徴兵されて、外国の戦地に赴くとかいうように、特殊なケースを前提に設けられた規定です。ところが、日本人父親と外国人母親から生まれた婚外子は、「出生の時」に法律上の日本人父親が必要ですから、胎児認知があれば、日本国籍を取得し、出生後の認知では手遅れになってしまいます。つまり胎児認知が国籍取得の手段となっているのです。

もっとも、1985年の国籍法改正によって、新たに婚外子にも国籍取得のチャンスを与える規定が設けられました。出生後に日本人父親の認知だけではなく、外国人母親との婚姻もあって、子どもが婚内子の身分を取得した場合、これを「準正」と言いますが、このような準正が成立した子どもは、法務局を窓口とする国籍取得届をすれば、出生後に日本国籍を取得することができるようになりました。

しかし、この準正要件には、多くの不満が寄せられました。なぜなら、日本人父親に妻がいて、離婚して子どもの母親と再婚することができないというケースが多かったからです。もちろん胎児認知も間に合わなかったということです。

2008年6月4日、最高裁は、この準正要件を違憲無効とし、日本人父親が認知するだけで国籍取得届ができる、という判決を下しました。原告側から依頼を受けたのだから、勝訴さえすればよいと思われるかもしれませんが、研究者としては、その判決理由に納得しかねる点があります。

私の意見書は、この規定、国籍法3条はそもそも血統主義を補完するためのものであり、出生後とはいえ、認知により法律上の親子関係が成立したのだから、それで十分であり、さらに父母の婚姻というような無関係の要素を持ち出すこと自体が不合理だと主張したのですが、最高裁は、これが1985年当時は合理的だったというのです。ただし、「その後、婚外子の数が増えて、社会通念が変化したから、不合理になった」と述べています。これには、二つの疑問があります。

一つは、基本的人権を侵害された者の数によって、合理性が左右されてよいのかという問題です。かつて刑法に尊属殺人を通常より重く罰する規定があり、これを違憲と判断した1973年の最高裁判決がありますが、「基本的人権を侵害された者の数によって、違憲判断が左右されるわけではない」と述べています。私もまさにそのとおりだと思います。一人でも人権侵害の被害者がいれば、それを救済するのが司法の役割ではないでしょうか。

もう一つの疑問は、2008年当時は、まだ民法の相続分差別の規定、つまり婚外子の相続分を婚内子の半分とする規定が合憲とされていたことです（1995年の最高裁決定）。これが変更されて違憲の判断が出たのは、ようやく2013年のことです。そうすると、2008年の判決において、「婚外子の数が増えて、社会通念が変化した」と言ったのは、何だったのでしょうか。つまり単なる婚外子差別ではなかったのか、という疑問です。

その疑問を解決するヒントは、最高裁判決の冒頭部分にあります。それによれば、国籍は、単に「国民としての資格」というだけでなく、基本的人権を享受する前提となっているから、国籍取得の区別に合理性があるかどうかは、「慎重な検討を要する」というのです。

写真提供：自由人権協会

たしかに、国籍自体は、国民の要件、国民としての法的地位であり、いわば器にすぎません。しかし、その器には、沢山の権利義務、とくに基本的人権が詰まっています。そのような国籍の重要性と婚外子差別が両方相まって、相続分差別よりも早く違憲判決が出たのでしょう。

在留の権利と日本国籍の喪失

さて、国籍を要件とする基本的人権としては、ご承知のとおり、参政権、管理職の公務員に就任する権利、一部の社会保障受給権などがありますが、私がこの度出版を予定している『家族と国籍――国際化の安定のなかで』という本のなかで重視しているのは、とくに「入国の自由・在留の権利」です。

これも皆さんよくご存知のマクリーン判決、1978年の最高裁判決ですが、その判決は、外国人にも政治活動の自由があるが、わが国に在留する権利があるわけではないから、基本的人権の保障もその「枠内」で認められるにすぎない、と述べています。

今日私は、このマクリーン判決の是非について述べるつもりはありません。しかし、外国人に在留の権利がないのであれば、国際結婚をした夫婦と子ども、すなわち日本人と外国人が結婚し、その夫婦から生まれた子どもを含む家族に対し、重国籍を認めないことは、たとえ直接的に憲法や人権条約に違反するわけでなくても、いろいろな面で問題だという話をしたいと思います。

実は、今回の本を出版するにあたり、日本人と結婚した欧米人数名のコメントを掲載しました。彼らは日本法の研究者であり、日本語もよく理解するのですが、日本の大学で職に就いているのは、1名だけであり、残りの3名は外国の大学で教えています。

その外国在住者のうち、ある人のコメントによれば、国際結婚をした日本人配偶者のなかには、帰化により現地の国籍を取得したのに、日本の戸籍に国籍喪失届をしていない人がかなりいるそうです。すなわち、わが国の国籍法では、自ら進んで外国の国籍を取得した場合は、自動的に日本国籍がなくなるので（国籍法11条1項）、戸籍を抹消するために、国籍喪失届が義務づけられています（戸籍法103条）。コメントをした人の配偶者は、帰化などはしていませんが、他の日本人配偶者のなかには、日本国籍の喪失を知りながら、それを隠している人がいるということです。しかし、彼ら・彼女らを一方的に責めることはできません。

まず、現地の国籍を取得する必要性からいえば、日本人配偶者は永住権を取得し、事実上居住に困ることはないと思いますが、たとえば管理職の公務員になろうとすれば、日本と同じく国籍が必要となります。また諸外国のなかには、外国人の土地所有を制限している国があるので、その場合は、相続で困ることにもなります。他方で、日本国籍の喪失を隠すのは、将来、親の介護のために長期間、日本に戻る必要が起きるかもしれませんし、また夫婦関係の破たんや外国人配偶者の死亡により、完全に日本に戻る日が来るかもしれません。そのような場合に、日本の戸籍から抹消され、日本の旅券で帰国できないとしたら、現地の国籍取得を諦めるか、それとも日本国籍の喪失を隠すことになってしまうでしょう。

これは、当人だけの問題ではありません。日本の戸籍は、日本人の身分関係を公証することにより、「社会全体の利益」を守っています。ところが、日本国籍がなくなっているのに、戸籍が抹消されていない人がいて、さらに子どもが生まれて、本来は日本国籍を取得しないのに、出生届を出せば、日本人として戸籍に記載されてしまう、これは「社会全体」にとって由々しき事態なのです。

重国籍防止条件は必要か？

ここで注意して頂きたいのは、日本の国籍法では、帰化など自分の意思で外国国籍を取得したら、自動的に日本国籍がなくなりますが、欧米諸国の多くは、そもそも外国人が帰化する際に、外国国籍の喪失、すなわち「重国籍防止条件」を設けていないか、少なくとも自国民の配偶者については、これを免除しているということです。わが国では、よく他のアジア諸国も重国籍を禁止していると言いますが、日本はG7先進国です。国籍の話になると、急にそれを忘れたふりをするのは、フェアでないという気がします。

さて、その「重国籍防止条件」ですが、逆に外国人が日本に帰化する場合には、たとえ日本人の配偶者であっても、原則として外国国籍を失うことが求められます（国籍法５条１項５号）。いずれにせよ、帰化の手続というのは、大変な時間と労力がかかるものであり、弁護士などの代理人を雇っても、しばしば本人が法務局への出頭を求められるそうです。そのため、日中に仕事を休めることはもとより、実際にかかる様々なコスト、帰化自体は無料ですが、様々な書類を集めるコストを負担できる人でなければ、なかなか難しいように思われます。

これに対し、欧米諸国では、自国民の配偶者については、帰化ではなく届出による国籍取得を認めている例も多いので、わが国でも、届出による国籍取得を認め、かつ「重国籍防止条件」を課さないということが考えられます。もちろん届出をするかどうかは、本人の自由ですから、国籍を強制しているわけではなく、単に国籍取得のチャンスを与えるだけです。

私がこのような提案をしたら、きっと偽装結婚が増えるという批判が起きるでしょう。しかし、たとえば「森友学園問題」のように、補助金不正の疑いが起きた時に、「補助金制度自体を廃止せよ」という声が上がったことがあるでしょうか。2008年の国籍法違憲判決の際にも、偽装認知が増えるという批判がありましたが、最高裁は、このような理由で差別を正当化することはできないと述べています。すなわち、偽装結婚や偽装認知は、公正証書原本不実記載の罪など、刑法で対応すべき問題であり、そのような犯罪行為のおそれを言い出したら、きりがないということです。

なお、以上の話は、今のところ、主に配偶者が欧米諸国の出身である場合を念頭に置いています。配偶者がアジア諸国の出身である場合は、仮にわが国が重国籍を容認したとしても、結局のところ、配偶者の本国が重国籍を制限しているため、夫婦がお互いに自分の国籍を維持しながら、相手の本国の国籍も取得するのは、難しいことが多いでしょう。

しかし、韓国は、2010年の国籍法改正によって、韓国人と結婚した外国人が韓国に帰化する際には、「外国国籍を韓国国内では行使しない」という誓約（外国国籍不行使誓約）をすれば足りるというように、重国籍を容認するようになりました。したがって、わが国の国籍法が外国への帰化による自動的国籍喪失を廃止したら、韓国人と結婚した日本人は、日本国籍を維持しながら、韓国国籍を取得できるようになります。

また、フィリピンは、2003年に「国籍維持・再取得法」という法律を制定し、外国に帰化するフィリピン人は、あらかじめ宣誓をすれば、フィリピン国籍を維持できるようになりました。これは、主に在米フィリピン人のロビー活動によるものと言われていますが、フィリピン側にとっても、アメリカに帰化したフィリピン人が後に資産を蓄え、フィリピンに投資する環境を整える、という意図があったようです。

このようにアジア諸国も変わりつつあるので、いずれ日本の国籍法は、アジアからみても、「時代遅れ」と言われる日が来るかもしれません。

国籍選択制度の致命的欠陥

国際結婚をした夫婦の重国籍の容認に対し、もうひとつ考えられる批判があります。わが国は国籍選択制度を設けて、重国籍を防止しようとしているのに、「わざわざ重国籍を増やすのはおかしい」という批判です。しかし、私は、この国籍選択制度には「致命的な欠陥」があると考えています。

たしかに国籍法は、一定期限内に国籍を選択する義務を課しています（14条1項）。しかし、その義務違反の効果は、国から「催告」を受けて、本人が日本国籍を失うことがあるというだけで（15条）、罰則を科しているわけではありません。しかも、このような「催告」は、国籍選択制度が設けられた1985年から、今日まで30年以上の間、一度も実施されたことがないのです。これは、国会で法務省民事局長が何度も答弁しています。

なぜ催告をしないのか、これも民事局長が答弁していることですが、「誰が重国籍者であるのかを把握できず、たまたま把握した人にだけ催告するわけにいかないから」というのです。私は、国会の議事録でこれを読んだ時に、「この人は正直な人だな」と思いました。

それはそうです。「たまたま把握した人」に催告をしたところ、本人が国籍選択を拒否するので、日本国籍を失ったという扱いをしたとします。そして、不法滞在者として入管法上の刑罰を科して、退去強制処分をしたところ、後になって、本当は、外国国籍を取得しておらず、重国籍者でないことが判明したら、とんでもない騒ぎが起きるでしょう。そんなことは怖くて、到底出来ないわけです。

法務省の啓発ポスターには、日本で生まれた子どもの100人に一人以上が重国籍者と書かれていますが、これは、きちんと調べたわけではなく、日本人と外国人の夫婦から生まれた子どもが大体それくらいになるので、当てずっぽうで書いただけであり、国民を騙していると言われても仕方ありません。

たとえば、さっきのアメリカの国籍法の話を思い出してください。アメリカ人と日本人の夫婦から日本で生まれた子ども（アメラジアン）は、アメリカ人の親が日本生まれの日本育ちで、本国居住歴がなければ、アメリカ国籍を取得しません。またアメリカ人の親が日本人配偶者と子どもを残して、アメリカに帰ってしまったら、子どもがアメリカ国籍を取得しているのかどうか、すなわち重国籍になっているのかどうかを確かめるのは、きわめて難しくなります。

それでは、生地主義の国で生まれた子どもは、親が両方とも日本人でも重国籍になることは確実と思われるかもしれませんが、私が実際に体験した話を紹介します。親の海外駐在のためマレーシアやシンガポールで生まれた人、二人とも私の知り合いですが、彼らから「自分が重国籍かどうか、よく分からない」と言って、相談されたことがあります。

現地では、いずれにせよ在留資格の問題があるので、出生届を出しますが、日本の領事館にも出生届を出して、帰国する際には日本の旅券を取得し、それを使うだけです。今は、赤ちゃんでも自分一人の旅券を作成しますが、まだ母親の旅券に子どもが一緒に掲載されていた頃の話です。

さて、そのようにして帰国したところ、最近は「国籍選択をしろ」とうるさく言う人がいるので、途端に不安になるわけです。彼らの生年月日を尋ねて、その当時のマレーシアやシンガポールの国籍法、正確には憲法の国籍規定ですが、それを調べたところ、彼らは重国籍でないことが分かりました。

マレーシアやシンガポールは、コモンウェルスの一員ですから、漠然と生地主義だと思ったのでしょう。しかし、その盟主であるイギリスが、そもそも 1981 年に純粋な生地主義を修正して、単にイギリスで生まれただけでなく、親がイギリス国民であるか、または定住者であることを要件としています。すなわち、外国の国籍法をきちんと調べ、実際にその要件を満たしていることを確認しなければ、重国籍かどうかは分からないのです。

重国籍者に対するバッシング

さらに問題であるのは、催告が一度もなされていないのに、国籍選択の義務を怠っているとか、日本国籍の「選択宣言」を済ませているのに、外国国籍離脱の努力義務を怠っている、とバッシングを続けることです。

この「選択宣言」というのは、「日本の国籍を選択し、外国の国籍を放棄します」という届出を日本の市町村にすれば、日本国籍を選択したことになるというものです（国籍法14条2項、戸籍法104条の2)。これは、諸外国のなかに、国籍離脱が必ずしも容易でない国があることを考慮したものであり、日本の市町村に選択宣言の届出をしたからといって、本当に外国の国籍を失うことはないでしょう。この選択宣言をした場合は、外国国籍離脱の努力義務が生じますが（国籍法16条1項)、何か具体的なアクションを起こすことが求められているわけではありません。

それにもかかわらず、「外国国籍を離脱するための努力をすべきである」と言い続けたら、どのようなことが起きるでしょうか。たとえば、アメリカ国籍を離脱するためには、本人が領事と二回面談をする必要があります。1回目の面談から30日以上を経過した後に、2回目の面談をして、その際に手数料として、2350ドル（約26万ないし27万円）を支払わなければなりません。

他にも国籍の離脱を制限したり、面倒な手続を設けたりしている国は沢山あります。一方、日本国籍の離脱は、法務局または在外公館に離脱届を出すだけであり（国籍法13条)、手数料はかかりません。そのためか、最近は日本国籍を離脱する人が急激に増えています。2010年頃までは、年間200人前後でしたが、昨年は613人、実に三倍になっています。昨年9月からの重国籍者に対するバッシングを考えたら、今後さらに増えるでしょう。

国籍選択義務を強く主張する人たちは、「きっと外国国籍のほうを離脱するだろう」と思っていたのかもしれません。しかし、日本国籍の離脱者がさらに1000人、2000人と増え続けたら、バッシングをした人たちに何らかの道義的な責任があるのではないでしょうか。

また、外国への帰化などにより日本国籍を自動的に失った人たちは、国籍喪失届を出して、戸籍を抹消した場合にしか把握できませんが、こちらも増えています。2010年頃までは、年間600人前後でしたが、昨年はついに1000人を超え、1058人になりました。さらに、国籍喪失届を出さないで、日本国籍の喪失を隠している人たちがいるので、本当に日本国籍を失った人の数は把握できていない、というのが実情だと思います。

このように国籍を失った人の数が多いこと、とくに外国への帰化などにより国籍を失った人が多いことは、全体数が分からないだけに心配になります。これは、重国籍者に対するバッシングで日本に嫌気がさしたというように、エモーショナルな問題ではないのです。

外国国籍の離脱が困難であるから、どちらかを選べと言われたら、日本国籍の離脱を選んでしまう、あるいは外国に住んでいるから、外国に帰化したが、いつか日本に戻る可能性があるので、日本国籍の喪失を隠さざるを得ない、すなわち、法制度上必然的に起きる問題なのです。

問題点の整理

ここでおそらく両方の側、すなわち、「重国籍を防止せよ」という側と「重国籍を容認せよ」という側の双方から、疑問が出るだろうと思います。

まず、重国籍防止の側からは、国籍選択制度に致命的な欠陥があるというのであれば、他の方法で重国籍を防止すべきだ、という声があるかもしれません。しかし、それは、1985年の国籍法改正前のように父系血統主義に戻るしかありません。

父系血統主義は、たしかに国際結婚から生まれた子どもでも、父の国籍だけを取得するので、重国籍を防止できます。ところが、わが国は、女性差別撤廃条約を批准していますから、条約違反となります。また、「高裁どまり」で違憲判決は出ませんでしたが、憲法違反の疑いがあります。さらに、他の大多数の国が父母両系血統主義を採用しているので、わが国だけが父系血統主義を採用しても、重国籍の発生を十分に防ぐことはできません。要するに、現在の社会において、子どもの重国籍を防止する、ということ自体に無理があるのです。

つぎに、重国籍容認の側からは、それほどひどい国籍選択制度は、違憲であるから、即刻廃止すべきである、という声があるかもしれません。しかし、皮肉なことに、国の側が30年以上の間、一度も国籍選択の催告をしたことがなく、また国籍選択を拒否したために、日本国籍を失ったという人が全くいないことがネックとなっています。

わが国の裁判所は、抽象的違憲審査権を与えられていません。実際に国籍を失った人がいて、国籍確認訴訟が提起されることでもあれば、たまたま重国籍であることが判明した者にだけ催告をするのは、平等原則に反するなどの主張をして、催告の根拠となった国籍選択制度の合憲性を争うことが考えられますが、そういう人が全くいない状況で違憲訴訟を提起することはできないのです。

おそらく国の側は、最高裁の違憲判決でもない限り、自ら進んで国籍選択制度を廃止することはないでしょう。また、現に国籍選択制度がある以上は、催告をするつもりがないにもかかわらず、国籍選択の義務があること、義務を怠ったら、催告を受けて、日本国籍を失うおそれがあることを言い続けるでしょう。

今後私たちにできることは、国籍離脱者の数に注目し続け、それが急激に増えていることの意味を訴えていく以外にないのだろうと思います。

一方、夫婦間の重国籍については、外国に帰化した日本人が自動的に日本国籍を失ったり、日本に帰化する外国人に「重国籍防止条件」を課したりすることにより、重国籍が防止されていますが、これが明確にわが国の憲法に違反しているとか、わが国が批准した条約に違反していると主張するのは、なかなか難しいように思われます。

外国への帰化により日本国籍を失った人が国籍確認訴訟を提起し、憲法違反や条約違反を主張することが考えられなくもありませんが、勝訴の見込みがない以上は、むしろ日本国籍の喪失を隠さざるを得ない人たちがいて、それが法制度上の不備であることを訴えていく以外にないような気がします。

解釈論で闘う

以上は、現行法を人権侵害で争うことは難しいが、立法論として望ましくないという主張をする場合に、「社会全体の利益」まで考える必要があることや、それを法制度の面から裏づける必要があることを申し上げたわけですが、最後に、もう一度裁判の話に戻りたいと思います。私が裁判の意見書を書く際には、三つの方針があります。

第1は、できるだけ解釈論で闘うということです。余程のことがない限り、憲法違反や条約違反では勝てないわけですから、大部分の裁判は、現行法の解釈が中心となります。その意味では、私が1997年に最高裁で勝訴したもう一つの事件が、参考になると思います。

それは、やはり婚外子の国籍取得に関する事件ですが、日本人父親が既婚者であるだけでなく、外国人母親も既婚者でした。母親が既婚者の場合、子どもは夫の子と推定されます。完全に別居していたりして、夫の子どもではあり得ないという事情があれば、親子関係不存在確認の裁判をして、それが確定した後に、本当の父親が認知をすることができますが、子どもが生まれる前の認知、胎児認知はできません。

そこで、私は、国籍法の違憲性を主張すると同時に、胎児認知届ができない特殊なケースでは、国籍法にいう「出生の時」という文言を柔軟に解釈して、子どもの出生後「合理的な期間内」に親子関係不存在確認の裁判と認知届がなされた場合は、胎児認知があったのと同様の扱いをすべきである、という解釈を主張しました。そうしたところ、1995年、アンデレ事件の最高裁判決と同じ年の11月29日、まず東京高裁がこの解釈を認め、さらに2年後の97年10月17日、最高裁も同様の理由から原告勝訴の判決を下しました。

これは、法律をなるべく違憲にならないように解釈するという意味で、一種の合憲的解釈と言えます。裁判所としては、憲法違反と言わないで済む解釈があるのなら、そちらを採用するということです。

他にも、意見書を依頼された時点では、「とても勝てそうもない」と言って来られた事件で、幾つか解釈論で勝訴したものがあります。それらは、原告側から資料を見せてもらうこと、たとえば先のケースでいえば、日本人関係者の戸籍謄本や親子関係不存在確認の裁判謄本などの資料を拝見することによって、勝訴の可能性が見つかるのです。すなわち、資料を読むことが解釈論にとって、何よりも重要となります。

私は、1990年代には、自分で依頼人と会うことがありましたが、その後は、原則として弁護士とのみ会うようになり、最近では、以前からの知り合いを除き、新たに意見書の依頼をされてきた弁護士とは直接会わず、訴状や証拠資料だけを送ってもらうことが多くなりました。これは、様々な原稿の執筆に追われていることもありますが、結局のところ、資料を読む、あるいは資料に語らせることによって、解釈論を考えることになるからです。

外国法の扱い方

第2の方針は、日本の国籍法や憲法などの日本法の解釈をするのですから、外国法に頼りすぎないことです。もちろん外国法の調査は、とくに日本の国籍法がヨーロッパ法を参考にして立法されていることもあり、多くの時間を割きます。私の場合、フランス法やドイツ法はもとより、イタリア法やベルギー法、オランダ法なども調べます。

しかし、大事なことは、そういう立法例が単に存在することではなく、その根本にある考え方です。たとえば、日本の国籍法と同じように血統主義を採用しており、婚外父子関係についても、認知制度を採用している、そういう共通点を探りつつ、現に法律の規定が異なる場合は、その区別はきちんとして、最終的には、日本法の解釈として何が言えるのかということです。

外国法は、原文を読む必要があります。法務省は、かつて『民事月報』という雑誌に外国法の日本語訳をよく掲載しており、訟務検事が裁判でそれを持ち出してくることがありました。しかし、原文と照らし合わせれば、沢山の誤訳が見つかりますし、特定の条文だけを抜き出してきた場合は、全体をみることにより反論が可能となります。とくに国籍法の場合は、基本が血統主義であるのか、生地主義であるのかに注意する必要があります。

ちなみに、外国法には限りませんが、弁護士の準備書面などでは、私が苦労して調べたことを、あたかも自分で調べたかのように書かれたり、自分の言葉で書きたいからと言って、プロセスが意見書の内容と異なるものを書かれたりしたことがあります。結論さえ同じであればよい、というものではないのです。これに対し、1997 年と 2008 年の判決の原告側弁護団は、冒頭で「奥田意見書による」と書いた後、意見書をそのまま写した準備書面を出してくださり、それは見識のある対応をして頂いたと考えております。

私が意見書を引き受けるのは、その必要性があると考えた事件に限られ、そうでない場合は、断っています。国籍裁判だからといって、何もかも引き受けるわけではないのです。役割分担として、弁護士の方には、依頼人の意向や証拠の収集に力を注いで頂きたいと願っております。

たとえば、戦前に台湾人と結婚して、戦後に日本国籍を失ったとされた女性の事件があり、最初は、自分の国籍を回復したいだけだと思っていたのですが、後に、帰化の見込みが立たない息子の救済が本来の目的だったことがあります。その時は、たまたま私が意見書を引き受ける際に、国籍確認訴訟を取り下げてもらい、婚姻無効確認訴訟に切り替えたので、事なきを得ましたが（本書 103 頁以下）、弁護士の方は、こういう面で苦労されるのだなと感じた次第です。

子どもの権利を守るためには？

第３の方針は、原告側の依頼を受けて、意見書を書くわけですから、原告の立場に徹するということです。これは、学術論文と大きく異なります。学術論文では、様々な考え方を紹介したうえで、その一つひとつについて検討しますが、意見書の場合は、相手方（国籍裁判の場合は国側）に有利な見解を書いてしまったら、後でいくらそれを否定する論理を書いたところで、相手側の代理人（訟務検事）に利用されてしまいます。したがって、裁判の意見書では、依頼人の立場からの主張を徹底して述べ、相手側の主張は、徹底的に批判することが求められます。

依頼人の立場ということで言えば、先の国籍法違憲訴訟では、認知と父母の婚姻という準正要件の違憲性だけでなく、国籍取得届や認知の遡及効の否定も違憲の疑いがあると主張しました。これは、婚外子の国籍取得をできる限り婚内子に近づけるためです。しかし、最高裁は、準正要件の違憲性しか認めてくれませんでした。憲法を根拠にした場合は、これが限界だったのです。

この度出版する『家族と国籍』という本では、国籍取得届や認知の遡及効の否定について、立法論として望ましくない理由をいろいろ述べていますが、今後さらに裁判において、これらが明らかに憲法や条約に違反するとまで主張することは無理だろうと思います。

おそらく最高裁も、準正要件があるとはいえ、1985年に届出による国籍取得の規定（国籍法３条）が設けられたからこそ、父母の婚姻も要件とする準正要件を違憲と判断したのでしょう。それ以前は、認知の遡及効でも主張しない限り、取っ掛かりがなかったのです。その意味では、今後さらに国籍法について違憲判決が出ることは、あまり期待できないでしょう。私も、2008年の最高裁判決以降は、国籍法の違憲訴訟に関わったことはありません。

「それでは、子どもの権利が守れない」と思うかもしれませんが、そんなことはありません。たとえば、婚外子の国籍取得は、法務局を窓口とする国籍取得届によると思っている人が多いようですが、今でも胎児認知の重要性は全く変わりません。また、外国人母親が婚姻中に出産した場合は、夫の子どもという扱いを受けるので、子どもが生まれたら、すぐに親子関係不存在確認の裁判や認知届をする必要性も全く変わりません。

「子どもの権利を守る」ということは、そのように正確な法律知識を持つことであり、それが一般市民にとって無理であれば、少なくとも弁護士の皆さんは、そういう若干トリッキーな国籍法の解釈を専門家として習得して頂きたいと願っています。

以上をもって、私の話を終わります。ご清聴ありがとうございました。

判例索引（日本の判例のみ）

【最高裁判所】

最大判昭和 31 年 7 月 18 日　民集 10 巻 7 号 890 頁 …… 105
最大判昭和 31 年 12 月 26 日　刑集 10 巻 12 号 1769 頁 …… 176
最大判昭和 36 年 4 月 5 日　民集 15 巻 4 号 657 頁 …… 53
最判昭和 37 年 4 月 27 日　民集 16 巻 7 号 1247 頁 …… 132
最大判昭和 37 年 12 月 5 日　刑集 16 巻 12 号 1661 頁 …… 53
最判昭和 44 年 5 月 29 日　民集 23 巻 6 号 1064 頁 …… 159
最大判昭和 48 年 4 月 4 日　刑集 27 巻 3 号 265 頁 …… 146
最大判昭和 53 年 10 月 4 日　民集 32 巻 7 号 1223 頁 …… 18
最大判昭和 62 年 9 月 2 日　民集 41 巻 6 号 1423 頁 …… 137
最判平成 4 年 11 月 16 日　裁判集民 166 号 575 頁 …… 22
最判平成 5 年 2 月 26 日　裁判集民 167 号下 579 頁 …… 19
最判平成 6 年 7 月 18 日　刑集 48 巻 5 号 50 頁 …… 119
最判平成 7 年 1 月 27 日　民集 49 巻 1 号 56 頁 …… 35, 186, 188-
最判平成 7 年 2 月 28 日　民集 49 巻 2 号 639 頁 …… 19
最大判平成 7 年 7 月 5 日　民集 49 巻 7 号 1789 頁 …… 130, 146
最判平成 9 年 10 月 17 日　民集 51 巻 9 号 3925 頁 …… 160-
最判平成 10 年 4 月 10 日　民集 52 巻 3 号 677 頁 …… 22
最判平成 14 年 10 月 17 日　民集 56 巻 8 号 1823 頁 …… 90
最判平成 14 年 11 月 22 日　訟月 50 巻 4 号 1325 頁 …… 138
最判平成 15 年 6 月 12 日　家月 56 巻 1 号 107 頁 …… 163
最判平成 18 年 7 月 7 日　民集 60 巻 6 号 2307 頁 …… 165
最大判平成 20 年 6 月 4 日　民集 62 巻 6 号 1367 頁 …… 34, 101, 140-
最大判平成 25 年 9 月 4 日　民集 67 巻 6 号 1320 頁 …… 130, 146
最判平成 25 年 9 月 26 日　民集 67 巻 6 号 1384 頁 …… 131
最判平成 26 年 1 月 14 日　民集 68 巻 1 号 1 頁 …… 154
最判平成 27 年 3 月 10 日　裁時 1623 号 8 頁 …… 91

【高等裁判所】

高松高決昭和 51 年 8 月 26 日　家月 29 巻 2 号 104 頁 …… 180
東京高判昭和 58 年 6 月 29 日　行集 34 巻 6 号 1093 頁 …… 181
東京高判平成 6 年 1 月 26 日　判時 1485 号 3 頁 …… 186-

東京高判平成7年11月29日判決　民集51巻9号3955頁 …… 160
東京高判平成18年2月28日　家月58巻6号47頁 …… 140
東京高判平成23年11月24日　訟月59巻10号2719頁 …… 159
東京高決平成25年4月16日〔平成24年（ラ）第19号〕 判例集未登載 …… 44

【地方裁判所】

京都地判昭和31年7月7日　下民集7巻7号1784頁 …… 106
東京地判昭和57年7月28日　家月36巻7号90頁 …… 181
東京地判平成4年5月27日　民月48巻11号6頁 …… 56
東京地判平成5年2月26日　判時1449号76頁 …… 186
東京地判平成6年9月28日　民集51巻9号3947頁 …… 160
東京地判平成7年12月21日　家月48巻5号84頁 …… 56
東京地判平成17年4月13日　判時1890号27頁 …… 140
東京地判平成22年7月8日〔平成21年（行ウ）第107号〕 裁判所ウェブサイト …… 21
東京地判平成24年3月23日　訟月59巻9号2489頁 …… 90
東京地判平成25年3月14日　判時2178号3頁 …… 98

【家庭裁判所】

神戸家姫路支審昭和37年6月20日　家月14巻11号166頁 …… 198
東京家審昭和41年9月9日　家月19巻3号73頁 …… 179
東京家審昭和42年8月30日　家月20巻3号101頁 …… 179
大分家豊後高田支審昭和50年1月31日　家月28巻1号84頁 …… 180
大阪家審昭和54年1月27日　家月32巻2号89頁 …… 181
さいたま家判平成19年2月27日〔平成17年（家ホ）第192号〕 奥田・裁判意見書集319頁 …… 104

先例索引

【法務省民事局】

明治 31 年 9 月 22 日民刑第 972 号回答　戸籍先例全集 639 頁 …… 178
昭和 26 年 6 月 27 日民事甲第 1332 号回答　民月 6 巻 8 号 122 頁 …… 134
昭和 27 年 4 月 19 日民事甲第 438 号通達　戸籍 35 号 37 頁 …… 53
昭和 30 年 2 月 15 日民事甲第 289 号通達　民月 10 巻 3 号 30 頁 …… 182
昭和 30 年 7 月 15 日民事甲第 1487 号回答　民月 10 巻 8 号 51 頁 …… 134
昭和 31 年 7 月 14 日民二発第 381 号回答　戸籍 92 号 49 頁 …… 182
昭和 35 年 6 月 17 日民事甲第 1513 号回答　民月 15 巻 7 号 66 頁 …… 182
昭和 44 年 4 月 22 日民事甲第 877 号回答　民月 24 巻 8 号 205 頁 …… 113
昭和 49 年 10 月 11 日民五第 5623 号回答　民月 29 巻 12 号 99 頁 …… 56
昭和 49 年 12 月 26 日民五第 6674 号回答　民月 34 巻 4 号 21 頁 …… 57
昭和 51 年 9 月 8 日民二第 4984 号回答　民月 31 巻 12 号 155 頁 …… 62
昭和 59 年 11 月 1 日民五第 5506 号通達　民月 39 巻 10 号 152 頁 …… 138
平成 9 年 1 月 8 日民二事務連絡　民月 52 巻 3 号 117 頁 …… 158, 163
平成 10 年 1 月 30 日民五第 180 号通達　民月 53 巻 2 号 110 頁 …… 161
平成 11 年 11 月 11 日民二・民五第 2420 号通知　民月 54 巻 11 号 51 頁 …… 158, 163
平成 15 年 7 月 18 日民一第 2030 号通達　戸籍 748 号 76 頁 …… 163
平成 16 年 11 月 1 日民一第 3008 号通達　民月 59 巻 12 号 275 頁 …… 131
平成 19 年 5 月 7 日民一第 1007 号通達　民月 62 巻 6 号 161 頁 …… 134
平成 19 年 10 月 3 日民一第 2120 号通知　民月 62 巻 11 号 111 頁 …… 64
平成 20 年 3 月 27 日民一第 1091 号回答　民月 63 巻 6 号 119 頁 …… 64
平成 20 年 12 月 18 日民一第 3300 号通達　民月 64 巻 1 号 233 頁 …… 152-
平成 24 年 9 月 24 日民一第 2439 号回答　民月 68 巻 1 号 157 頁 …… 64
平成 28 年 3 月 16 日民一第 280 号回答　民月 71 巻 7 号 137 頁 …… 76, 114

【その他の官庁】

昭和 28 年 3 月 25 日法制局一発第 29 号 …… 19
昭和 59 年 12 月 6 日文初小第 319 号通知 …… 80

事項索引

（付録を除く本文・コラムを対象とする）

あ行

か行

さ行

た行

な行

は行

ま行

や行

ら行

【著者紹介】
奥田安弘（おくだ・やすひろ）
中央大学法科大学院教授、北海道大学名誉教授
国際私法学会理事、アジア国際法学会日本協会理事

本書に関連する主な著作として
『国際家族法』明石書店、2015 年
『韓国国籍法の逐条解説』共著、明石書店、2014 年
『外国人の法律相談チェックマニュアル〔第 5 版〕』明石書店、2013 年
『養子縁組あっせん ── 立法試案の解説と資料』共著、日本加除出版、2012 年
『国籍法・国際家族法の裁判意見書集』中央大学出版部、2010 年
『国際私法と隣接法分野の研究』中央大学出版部、2009 年
J・N・ノリエド『フィリピン家族法〔第 2 版〕』共訳、明石書店、2007 年
『国際私法・国籍法・家族法資料集 ── 外国の立法と条約』編訳、中央大学出版部、2006 年
『国籍法と国際親子法』有斐閣、2004 年
『家族と国籍 ── 国際化の進むなかで〔補訂版〕』有斐閣、2003 年
『数字でみる子どもの国籍と在留資格』明石書店、2002 年
『市民のための国籍法・戸籍法入門』明石書店、1997 年

家族と国籍
——国際化の安定のなかで

2017年7月20日　初版第1刷発行

著　者　　奥田　安弘
発行者　　石井　昭男
発行所　　株式会社　明石書店

〒101-0021 東京都千代田区外神田6-9-5
電話 03（5818）1171
FAX 03（5818）1174
振替　00100-7-24505
http://www.akashi.co.jp/

装丁　明石書店デザイン室
印刷／製本　モリモト印刷株式会社

（定価はカバーに表示してあります）　ISBN978-4-7503-4544-4

国際家族法

奥田安弘［著］

◎A5判／上製／600頁　◎6,400円

国際家族法と隣接法分野を網羅した新しいスタイルの体系書。国籍法・戸籍法・入管法も詳しく解説する。著者が長年の研究成果を踏まえ、理論と実務の両方の視点から、新境地を開拓する。

《内容構成》

〈価格は本体価格です〉

現代ヨーロッパと移民問題の原点

1970、80年代、開かれたシティズンシップの生成と試練

宮島喬 著

四六判／上製／360頁 ◎3200円

1970年代欧州では戦後高度経済成長の終焉とオイルショックなどにより、経済成長を支えた外国人労働者、それに対応する欧州各国が新たな局面を迎えた。欧州を俯瞰的にとらえ、「移民」から「市民」へとシティズンシップが開かれていった過程、そこで生じた問題を丹念にたどり直す。

●内容構成●

移民の子どもと学校 統合を支える教育政策
OECD編著　布川あゆみ、木下江美、斎藤里美監訳
三浦綾希子、大西公恵、藤浪海訳
◉3000円

移民社会学研究 実態分析と政策提言1987-2016
駒井洋
◉9200円

難民問題と人権理念の危機 国民国家体制の矛盾
移民・ディアスポラ研究6
駒井洋監修　人見泰弘編著
◉2800円

マルチ・エスニック・ジャパニーズ ○○系日本人の変革力
移民・ディアスポラ研究5
駒井洋監修　佐々木てる編著
◉2800円

「グローバル人材」をめぐる政策と現実
移民・ディアスポラ研究4
駒井洋監修　五十嵐泰正、明石純一編著
◉2800円

レイシズムと外国人嫌悪
移民・ディアスポラ研究3
駒井洋監修　小林真生編著
◉2800円

東日本大震災と外国人移住者たち
移民・ディアスポラ研究2
駒井洋監修　鈴木江理子編著
◉2800円

移住労働と世界的経済危機
移民・ディアスポラ研究1
駒井洋監修　明石純一編著
◉2800円

〈価格は本体価格です〉